本书受华南理工大学中央高校项目2014XMS05“顾客创新背景下企业转型升级模式创新——基于价值共创的视角”资助

奖励旅游价值提升之道：价值共创

张文敏　著

南开大学出版社
天　津

图书在版编目(CIP)数据

奖励旅游价值提升之道 ：价值共创 / 张文敏著. —天津：南开大学出版社，2015.12
ISBN 978-7-310-05033-8

Ⅰ. ①奖… Ⅱ. ①张… Ⅲ. ①企业制度—奖励制度—研究—中国 Ⅳ. ①F279.21

中国版本图书馆 CIP 数据核字(2015)第 293018 号

南开大学出版社出版发行
出版人:孙克强
地址:天津市南开区卫津路 94 号 邮政编码:300071
营销部电话:(022)23508339 23500755
营销部传真:(022)23508542 邮购部电话:(022)23502200
*
唐山新苑印务有限公司印刷
全国各地新华书店经销
*
2015 年 12 月第 1 版 2015 年 12 月第 1 次印刷
210×148 毫米 32 开本 5.75 印张 164 千字
定价:25.00 元

如遇图书印装质量问题,请与本社营销部联系调换,电话:(022)23507125

目　录

第一章 导论

奖励旅游在我国的发展虽只有短短的20几年，但随着旅游这种休闲方式以及“人本化”管理思想的普及，我国越来越多的企业采用旅游的方式对员工进行奖励，奖励旅游正变得与奖金和物质奖励一样普遍。但目前我国多数奖励旅游福利性明显而激励性不足，如何提升奖励旅游的激励效果，提高顾客价值，关系到奖励旅游的可持续发展。市场营销学中服务营销的崛起推动了对价值创造方式的反思，提出了服务占优这一新的经营逻辑，顾客正成为一种重要的创新力量和竞争优势来源，与顾客共同制造体验为基础的价值共创模式是未来竞争力的重要来源。奖励旅游中价值共创现象普遍存在，同时价值共创的程度与水平影响奖励旅游最终的激励效果。因此，价值共创不失为研究奖励旅游价值升级的理想进路。

1.1 研究背景

1.1.1 理论背景：营销学的服务转向

营销概念或营销理论的出现绝非偶然，既受到其他学科发展的影响，也受到当时所处的社会经济环境等因素的影响（郑锐洪，2012）。在工业革命早期的技术和社会背景下，传统营销中的交易重心是有形商品，服务只是有形商品的辅助形式。传统的以有形商品为重心的商品主导逻辑是起源于经济学的商品交换研究，焦点放在有形的、可供交换的商品上，商品是最终交易对象，经济活动的目的就是制造并分销商品，从而导致对服务的“偏见”（李耀，2011）。

然而，社会正悄悄地发生着深刻的变革，营销领域也发生了一些新的变化，全球化、网络化、高新技术的发展以及消费者角色的不断变化使得亚当·斯密对有形商品在交易中扮演至关重要的角色的隐含假设逐渐失去效力，传统的商品主导逻辑日渐式微（Vargo，2004；William，2006；Tim，2006；Donald，2006；刘林青，2010；包国宪，2011）。随着服务经济的发展，服务部门提供的就业逐渐超过了制造部门。目前，发达国家国内生产总值（GDP）和就业人数的 70%～80%是服务部门提供的，制造部门只占到 15%～25%，而农业部门大约也只有 5%（Tien，2006）。不仅如此，发展中国家的经济活动从商品转移到服务的趋势也越来越明显（刘林青，2010）。营销的对象从传统的有形产品为中心，向服务进而向体验为中心转变，商品和服务退而成为提供顾客体验的道具，营销的中心正逐渐转变为如何利用产品和服务等道具向服务提供难忘的顾客体验。《体验经济》一书成为营销供给向体验转变的标志性成果（派恩，2008）。服务在交易中的地位不断提升，服务营销在营销学中的重要性也日渐突出。

随着服务营销研究的深入，各种以服务为对象的研究模型和理论相继提出（如关系营销和服务质量管理等），服务营销日渐成为营销的主流。2004 年，瓦戈和卢施指出，对服务的研究不再只是营销学中的一个分支，营销学的研究范式需发生改变，营销已经从产品导向转向了以无形的交易过程和交易关系为核心的服务导向，这一导向适用于包括生产有形商品在内的所有产品，提出了服务占优逻辑（Service-centered Dominant Logic），指出：交易的中心从产品向服务转变，技术和知识提供的服务取代有形商品成为所有交易的基础，商品只是价值创造的媒介和服务的道具；知识是竞争优势的源泉；企业不能单独提供和传递价值，只能提供价值建议，价值的创造要求与顾客的互动和资源共享，顾客是价值的共同创造者（Vargo，2004）。这些观点在 Journal of Marketing 登出后，受到广泛关注，并引发系列讨论。服务占优逻辑与传统的商品主导逻辑的主要区别详见表 1-1。

表 1-1　价值创造过程中商品主导逻辑与服务占优逻辑的区别

	商品主导逻辑	服务占优逻辑
主导价值	交换价值	使用价值
价值创造者	企业（通常与供应链中的企业合作）	企业，社会网络中的伙伴和顾客
价值创造过程	企业在产品和服务中加入价值	企业在产品和服务中提供价值建议，消费者在使用中完成价值创造
价值创造目标	增加企业财富	通过服务实现双赢
价值的评估	以价格为主要衡量标准	用实用收益和社会收益衡量
企业的角色	创造价值供顾客消费	提供价值建议
顾客的角色	使用或消耗掉企业提供的价值	与企业共同创造价值

资料来源：Stephen L. V., Paul P. M., Melissa A. A. On Value and Value Co-creation: A Service Systems and Service Logic Perspective[J]. European Management Journal, 2008, 26:145-152.

在服务占优逻辑的理论背景下，重新审视经营哲学与价值创造方式，人们发现不能再只关心有形产品的提供，也必须开始重视产品的生产和服务过程，顾客也不再只是产品的使用者，人们开始重视在生产与服务中顾客的主动作用（William，2006；Tim，2006；Donald，2006）。在服务占优逻辑下，价值的创造离不开顾客与企业的交互作用，价值共创到价值创造过程中成为价值的共同创造者（Stephen，2008；汤俊，2011；Hongqi Zhang，2012）。顾客正成为一种重要的创新力量和竞争优势来源，与顾客共同创造价值的模式是未来的竞争模式（普拉哈拉德，2005）。顾客关系日益成为营销的主旋律，进而使营销管理走向与顾客共同创造价值的共赢网络时代（卢泰宏，2008）。

1.1.2 现实背景：作为企业激励手段的奖励旅游

奖励旅游是服务经济与生产性服务业日益成熟的表现，是现代企业管理创新的反映，奖励旅游逐渐成为与奖金一样被普遍采用的激励方式（Sheldon，1995）。由于其在“凝聚企业向心力、提高生产力、塑造企业文化”上产生的显著效用（Hastings，1988；Cho，Woods，

2006；Zheng xiang，Sandro Formica，2007），旅游与现金和商品一起被许多企业作为激励员工的主要工具，并被证明奖励旅游比奖钱和奖物更有效（Caballero，1986；Rubin，1986；Hastings，1988；Peter & Stephen，1992；Kimberly，1995）。比如，黑斯廷斯通过对某人寿保险公司的销售人员的问卷调查，比较研究了旅行奖励与其他奖励方式的激励效用。研究发现，以参加海外会议和个人的海外旅行等方式进行的旅游奖励被受访者认为激励效用最好，受访者表示奖励旅游更能激发其成就感等内在的动力，因此最能激励他们增加自己的销售业绩。家居用品、商品、购物券、证书等其他奖励被列为较次要的奖励。因此，黑斯廷斯等指出，奖励旅游比目前企业采用的其他激励方式更有效。卡瓦列罗（Caballero，1986）进行的一项类似的研究中，对奖钱、奖物和奖励旅游的效用进行了比较研究，对完成激励目标的销售员分别采用 3 种方式进行奖励：一组奖励价值 500 美元的墨西哥旅游，一组 500 美元的现金，另外一组奖励 500 美元价值的商品。结果表明，采用墨西哥之旅激励方式的这组销售绩效大大优于其他两组。金伯利等（1995）的研究也表明，在奖钱、奖物和奖励旅游中，销售人员对旅行度假和参加会议的吸引力的得分显著高于现金或商品，从而表明奖励旅游被员工视为最理想的激励办法。

奖励旅游是世界旅游发展中一个颇具发展前途的领域，它起源于美国。1906 年，美国的国内现金出纳机公司（National Cash Register Company）出资组织全体员工到公司俄亥俄州代顿总部旅游以提高工作效率，此次旅游被认为是全世界最早的奖励旅游（张广瑞，2007）。起初，美国的公司为了奖励推销员和零售商而给予其旅游的机会。经过近一个世纪的发展，奖励旅游已经形成了较完善的产业体系，遍及全世界所有的客源国（应乐华，1991），其中奖励旅游发达的国家主要集中在北美和欧洲。美国已有 50%的公司采用该方法来奖励员工；在英国，商业组织的奖励资金中，有 2/5 是以奖励旅游的方式支付给职工的（迟景才，1998），奖励旅游已成为全球旅游产业中增长最快的细分市场之一（邵莉莉，2010）。

我国的奖励旅游实践发展较晚，其发端可追溯到 20 世纪五六十年代。当时政府及国有大中型企业兴办了疗养院，去疗养院休假疗养的人绝大多数来自政府机关和国有大中型企业，费用由政府和企业承担，这种休假疗养活动可视为我国最早的奖励旅游。随着改革开放不断深入，越来越多的中外合资经营企业、中外合作经营企业、外商独资经营企业进入中国，国际上500强企业已经进入了中国的许多大城市或经济发达地区，这些三资企业将奖励旅游这一新的企业管理理念和实践带入了中国，使奖励旅游从特权阶段进入了市场运作阶段。1993年，国家旅游局组织了实力强大的促销队伍参加了在芝加哥举办的会议及奖励旅游博览会，这一举动使得奖励旅游的概念开始频繁出现在媒体报道中，并受到越来越多企业的关注（高静、刘春济，2006）。从地域分布来看，市场运作初期奖励旅游主要集中在北京、上海、广州等特大城市；从企业性质来看，市场运作初期奖励旅游主要集中在三资企业、大中型国营和民营企业；从行业来看，主要集中在保险业、金融业、直销业、快速消费品行业、制药及保健品业以及汽车制造业。近年来我国奖励旅游进入了迅猛发展时期，逐渐被更多中国的企业所接受，成为我国越来越多单位提供的重要福利之一（张婧，2010）。奖励旅游的形式越来越丰富，既有单纯的观光、度假，亦有与会议、培训、拓展等活动的结合。产品类别也比较多元化，除了公司团体包价旅游外，还有旅游消费卡、面向经销商的新产品发布会以及饮料等消费品中奖客户的旅游等（李晓莉，2011）。随着现代服务业的迅速发展、生产性企业外包服务需求的增长以及“人本化”管理思想的普及，奖励旅游在中国的发展潜力越来越大，市场越来越宽广，需求也越来越复杂（张广瑞，2007、2011；李晓莉，2011）。近年来中国奖励旅游市场正在以每年超过20%的速度在增长，我国奖励旅游正处于成长阶段和发展阶段（袁浩，2011）。2013年2月18日，国务院办公厅发布《国民旅游休闲纲要（2013～2020年）》鼓励企业将安排职工旅游休闲作为奖励和福利措施。

但在实践中也出现了一些问题，最突出的问题是奖励旅游的激励性不足。造成这个现象的原因是多方面的，既有供给方的因素，也有需求方的因素。从供给方来看，目前我国奖励旅游的供应主体是旅行社，专门的奖励旅游策划公司数量不多。由于奖励旅游是一种特殊的旅游产品，与传统的旅游产品有联系也有区别。首先，消费主体不同，奖励旅游消费的主体不是个人，而是组织，组织需求和行为与个体消费者有所不同。其次，作为一种管理工具，它要求将企业文化建设有机地融于奖励旅游活动中，并随着奖励旅游的开展，逐渐体现出来。因此奖励旅游团的行程安排除了常规旅游项目外，一般还包含了欢迎晚宴、主题晚宴、团队建设、特色的文体活动、颁奖典礼和企业会议等内容（张文敏，2005）。在奖励旅游中，旅游是手段或者诱因，激励才是根本目的。而旅行社的主营业务是传统的包价旅游，所以有些旅行社难以突破做包价旅游的思路，对奖励旅游的激励性认识不足，还是按照传统包价旅游的思路去做，只是提高食宿的档次。也有少数企业充分认识到了奖励旅游的管理属性，做得非常专业，在奖励旅游行业中脱颖而出（如中国旅行社行业协会评选的 2011 年度会奖旅游 20 强）。总体来看，服务水平参差不齐，专业水平急待加强。从购买方来看，组织顾客对奖励旅游的内涵、作用机制等还不够了解，多数企业使用奖励旅游的目的性不够明确，忽视了奖励旅游在企业文化与团队建设中的作用，认为就是让大家出去玩一趟作为奖励而已的思想存在较普遍（李晓莉，2011），这也是导致奖励旅游激励性不足的重要原因。王国钦（2007）、董媛（2006）和魏薇（2008）等的实证研究发现奖励旅游的效果并不令人满意，在企业购买方与终端消费者之间均存在负面感知。因此，如何通过奖励旅游的组织与实施，更好地传达与塑造企业文化，增强奖励旅游的激励性，厘清奖励旅游与公费旅游的区别，为采用奖励旅游的企业顾客提升价值，这也关系到奖励旅游的可持续发展。

在对奖励旅游激励效用较明显的企业案例的研究中，发现在奖励旅游的开发与实施过程中，价值共创现象普遍存在，也正是价值共创的程度与水平决定了奖励旅游最终的激励效果。因此，以价值共创切入奖励旅游的研究，将为奖励旅游的激励功能的发挥起到借鉴作用，从而为众多采用奖励旅游作为激励方式的企业更好地发挥服务生产的作用。

1.2 研究方法与流程

本研究拟采用归纳与演绎相结合、定性与定量相结合的方法，对奖励旅游中价值共创的实施过程、影响因素和结果效应进行研究。

首先，选取举办奖励旅游的企业相关负责人、旅行社奖励旅游部门的负责人进行深度访谈。深度访谈是由访问者针对研究目的与受访者进行互动，再针对由受访者所提出的特殊主题加以追问。在发问、聆听答案的过程中，诠释其对本研究的意义（巴比，2002），从而挖掘关于某个主题的潜在的行为动机、信仰、态度、感受以及相互的关系（Harris，1996）。深度访谈的主要作用在于通过深入细致的访谈，获得生动丰富的定性材料，并通过研究者主观地、洞察性地分析，从中归纳和概括以得出结论，深入事实内部去探寻现象背后的意义是深度访谈最重要的特征之一，它是一种开放的、自由的交谈过程，往往不依据事先设计的问卷和固定的程序，只有一个访谈的主题或范围，由调查者与受访者围绕这个主题或范围进行比较自由的交谈（高颖，2005）。调查者往往事先只有一个比较简略的问题大纲，大致明确研究目的以及访谈所希望得到的结果。通过深度访谈掌握奖励旅游中价值共创的具体形式、实施过程、影响因素以及效果。

然后，收集网络二手资料，采用内容分析法进一步进行定性研究。作为大众传播研究的基本方法之一，内容分析法（Content Analysis）主要是分析信息内容的一种系统方法，是研究者根据研究目的，选择某时某地的传播产品，对其传播内容进行客观化、系统化和数量化的描述（艾尔·巴比，2002）。内容分析法能够应用于容易获得的材料，并成为研究项目的早期阶段不可缺少的部分。虽然网络资料不是常规的学术研究的资料来源，但随着网络在现代生活中的普及，网络资料作为“显性材料”也开始被应用于学术研究。如香港城市大学的杨志林教授通过对网络上发布的740条顾客评论进行内容分析，研究在线服务质量与顾客满意的关系（Zhilin Yang，2004）。苗学玲通过在网络上收集的1个主题为“结伴而行还是独自上路”的讨论串和12位自助游虚拟社区会员的访谈稿、结伴帖子以及游记，对互联网平台上的结伴出游现象进行了分析（苗学玲、保继刚，2007）。班建武在对青少年符号消费进行分析和解读，探寻构成青少年符号消费这一文本的所指世界、能指空间以及内涵意义时，也使用网络搜集青少年对产品使用的评论资料进行内容分析（班建武，2010）。通过对较易获取的大量奖励旅游相关新闻和游记等网络资料进行内容分析，一方面点面结合地弥补深度访谈样本量的局限，另一方面对深度访谈未解决的问题进行补充研究。

接着，在以上定性归纳的研究结果基础上，结合相关文献，识别出价值共创的构成维度、关键影响因素及核心结果变量，构建概念模型。并对研究变量进行操作化，设计奖励旅游中价值共创状况的调查问卷。

最后，利用 SPSS 和 AMOS 等软件对调查问卷回收数据进行分析，对概念模型进行实证检验。

1.3 本书结构

本书共分为六章，具体安排如下：

第一章为导论。该部分论述选题的理论背景和现实背景、研究方法与流程，并简要介绍本书结构。

第二章为价值共创的兴起。主要对价值共创的研究发展脉络、价值共创的内涵、影响因素和结果变量进行系统的文献总结，对研究现状进行评述。

第三章为奖励旅游中价值共创的实施过程与特征。通过深度访谈法，明确奖励旅游中价值共创的具体形式，并对其实施过程、影响因素及结果效应进行研究探索，为理论模型的构建奠定实践基础。

第四章为奖励旅游的仪式特征与企业的独特性需求。独特性需求这一价值共创的前因变量在组织顾客中的测量方式尚未见到。因此，本研究利用网络搜索二手资料，以仪式理论为指导，对组织顾客的独特性需求特征及其源泉进行探索。内容分析发现，奖励旅游背后具有一系列的象征性符号行为，通过表达和演示象征意义，企业塑造和传播了自己独特的身份，这些象征性符号行为反映了企业的独特性需求。同时这一系列的象征性符号行为都围绕着企业文化而展开，企业的独特性需求通过企业文化的传播与塑造得以实现。这对奖励旅游利用仪式特征提升顾客价值提供了具体路径，并为组织顾客的独特性需求这一新变量的问卷测量提供了依据。

第五章为价值共创提升奖励旅游顾客价值的实证研究。首先，在深度访谈的基础上，结合进一步的文献分析将相关现象进行理论提升，构建概念模型，提出相应的研究假设。然后，针对所提出的理论模型与研究假设，阐述本研究定量研究方法的选择、变量的测量方式、问卷量表的设计和修正、确定研究对象及问卷的发放与回收等。最后，发放企业样本 236 份，收集有效样本 210 份，在对样本基本特征进行描述性统计分析的基础上，利用结构方程验证本书的理论模型和相关假设。

第六章为研究结论和启示。

第二章　价值共创的兴起

价值共创是顾客参与的一种发展形式。随着消费者角色的不断变化，顾客能力成为企业竞争能力的新源泉，服务占优逻辑理论的提出，使价值共创受到越来越广泛的关注。本章从营销供给的变化、顾客角色的变化、创新主体的变化以及价值创造模式的变化四方面梳理了价值共创的兴起。

2.1 营销供给：从商品到服务再到体验

随着人类社会逐渐由工业经济到服务经济再到体验经济时代，消费者的消费行为习惯、需求层次结构和生活方式都在发生着巨大的改变，消费层次逐渐从实用层次转向体验层次，企业的营销供给物也从有形的商品向无形的服务进而向顾客体验转变，详见表 2-1。

表 2-1　营销供给物的变化

经济提供物	商品	服务	体验
经济	工业经济	服务经济	体验经济
提供物的性质	有形的	无形的	难忘的
关键属性	标准化的	定制的	个性化的
需求要素	特色	利益	突出感受

资料来源：B. 约瑟夫·派恩，詹姆斯·H. 吉尔摩著. 体验经济[M]. 夏业良，鲁炜，译. 北京：机械工业出版社，2002：13.

在工业经济时代，规模化的产品生产模式，使得产品的数量和种类变得十分丰富的同时，产品同质化现象越来越突出。在后工业时代，企业为了寻求自己的竞争优势，在核心产品之外寻找竞争优势，通过服务来体现自己的优势和特点，于是服务经济开始出现。当大多数企业所都认识到服务的重要性，服务与一般的产品一样被普及的时候，企业转而把目光投向了顾客体验，通过向顾客展示不一样的体验形成自己的优势和特点，体验经济开始出现。

1998 年派恩和吉尔摩在《哈佛商业评论》上发表《欢迎进入体验经济》一文，随后二人合著的《体验经济》由哈佛出版社出版，成为顾客体验研究的里程碑。作者指出 20 世纪 90 年代，体验经济已经到来，消费者是价值创造的主体，在消费过程中创造出愉悦、酷、难忘和爽等体验对消费者具有重大价值，企业的主要职责正在于为消费者提供难以忘怀的消费体验（Pine，2004）。

20 世纪晚期和 21 世纪早期追求体验已经成为消费文化的决定性因素之一（Pine，1999）。越来越多的国际知名企业把“全面顾客体验”作为企业战略管理的一个组成部分。迪斯尼乐园、三星数码、星巴克咖啡馆、索尼等国际知名企业，已经凭借体验营销及其管理的战略思想而获得了竞争优势。

顾客体验作为体验经济下的一种新型经济提供物，日益成为整个市场与卓越企业及学术界关注的重点（Grewal，2009；温韬，2007）。要获得良好的顾客体验，顾客必须主动参与，因此，营销供给从产品到服务再到体验的转变，伴随着顾客参与从无到有并逐渐加深到价值共创的过程。为此，本书首先对顾客体验的管理模型进行梳理，以期为基于顾客体验的顾客参与行为的管理提供借鉴。从体验的研究发展历程来看，哲学、心理学和美学领域对顾客体验的研究要比经济学和管理学早。尽管管理学介入顾客体验的研究起步较晚，但现有的部分具有代表性的研究在基本思想构建、理论研究等方面有了较好的开端（郭红丽，2006）。依据研究视角和关注重点的不同，可以把既有的顾客体验管理模型归纳为环境学派、感知学派和战略学派三大类（Zhang Wenmin，2010）。

2.1.1 环境学派的顾客体验管理模型

环境学派认为虽然体验从本质上讲是个人的、情感性的，存在着许多因素无法控制，但顾客体验的影响因素包括可控因素与不可控因素（Carbone，1994），因此组织可以通过对可控因素进行管理，为消费者创造和设计体验环境而对顾客体验进行管理。因此，环境学派的顾客体验管理模型围绕可控的环境因素展开，主要包括物理环境与人际环境（Physical and Relational Setting）两大类型。

首先，物理环境将影响顾客的体验。比特勒的观点最具体表性，他提出物理环境不仅直接影响顾客的体验，还将通过影响服务企业里的雇员进而间接影响顾客的体验。在比特勒的模型里，他将物理环境划分为可察性、功能性及象征性 3 个维度（Bitner，1992）。其中可察性是指环境中对人体感觉系统产生影响的因素，包括温度、灯光、音乐、气味等因素；功能性是指环境中实现商业功能的因素，包括商品展示、物理设施等因素；象征性是指环境中向顾客传递商业形象的因素，包括招牌、装饰风格等。

其次，顾客体验还将受到购物环境中其他人的影响，称为人际环境。它包括顾客与员工的互动及顾客与其他顾客之间的互动两方面。由于体验本质上是个人化的，因此顾客以不同的方式与员工和其他顾客互动。在现在研究中，对顾客与员工的互动研究较多，而顾客之间的互动对顾客体验的影响研究较缺乏。

环境学派的体验管理模型从影响顾客体验的环境因素着手，对于管理实践来说操作性强，但其忽略了顾客这一体验主体，具有明显的局限性。

2.1.2 感知学派的顾客体验管理模型

心理学领域对顾客体验的研究认为体验是顾客对消费对象的主观理解和感受，其对顾客体验的管理框架是围绕顾客主观感知展开的，因此本书将基于心理学视角的体验管理研究归为感知学派。主要代表模型包括流体验（Flow Experience）模型、心理过程模型与消费过程模型。

流体验这一概念最早由克珍特米哈依提出，他认为，流体验指最优体验的过程，是将个人精神力完全投注在某种活动上的整体感受，包括高度的兴奋感及充实感等（Csikszentmihalyi，1989）。当个体处于流体验状态时，他们完全被所做的事深深吸引，全神贯注地投入其中，经常忘记时间以及周围的环境。流体验的产生是由个体的技能和任务的挑战之间的匹配度决定的，也即由顾客对时间、精神、经济、体力等方面的消费能力的感知和顾客对可能遇到的时间、精神、经济、体力等方面的阻碍力量的感知平衡所决定。当任务的挑战高于个体的技能时，参与者会认为消费过程不可能顺利进行，从而产生挫折感。当个体的技能高于任务的挑战时，个体因失去兴趣而感到厌倦；只有当个体的技能与任务的挑战相匹配时，个体就会经历流体验。该理论不仅明确了最佳的体验状态，而且认识到顾客心理感知的变化对体验状态的影响。但这仅为流体验的管理提供了一个模糊的框架，若要对顾客的流体验进行管理还需进一步明确流体验管理的关键维度。诺瓦克和塔卡塔洛在虚拟环境下，对虚拟环境下的顾客体验维度进行了建构，提出顾客体验由身临其境、情境联系和胜任感 3 个维度构成。其中，身临其境是指顾客对虚拟环境的主观感知，由虚拟空间感受、虚拟行动、主体注意力、虚拟环境的真实感和情绪激发程度 5 个维度构成；情境联系是指顾客对虚拟环境的认知性评价，包括感知任务挑战程度、主观意识与环境的关联程度和主观意识与环境的相互作用 3 个子维度；而胜任感则是指顾客主观感知到的其对环境的潜在控制能力，包含主观意识的对外探索、环境控制感以及主观感知技能 3 个子维度（Novak，2000）。张凤超和尤海洋对 DIY 业态中的顾客体验维度进行了建构，提出顾客体验包括功能性、情境性、情感性、认知性和社会性等 5 个维度（张凤超，2009），以上对顾客流体验管理控制维度的研究有助于流体验管理模型在管理实践中的操作化应用。

心理过程模型以施密特的 SEMs（Strategic Experiential Modules）和 ExPros（Experience Providers）管理模型为代表，他从哲学、神经生物学、心理学和社会学等提供的思想出发，提出了管理顾客体验的概念性框架，这一框架包括两个方面：形成体验式营销战略支柱的战略性体验模块和体验媒介的战术模块。在战略性体验模块中，施密特从心理过程的角度把体验划分为感观体验、情感体验、认知体验、行动体验和关联体验 5 个模块，并以此确定营销的目标和战略。他认为总体来讲战略性体验模块可以分为两大类：个人体验和共享体验。感官体验、情感体验和认知体验属于个人体验，行动体验与关联体验属于共享体验。与此同时，他按照不同的功能对战术工具进行了分类，分为沟通、视觉与口头的识别、产品展示、品牌共建、空间环境、电子媒体与网站以及人员等7种体验媒介（Schmitt，1999）。

布里顿和拉萨利以消费者的视角来观察消费体验的整个过程，围绕顾客购买过程提出顾客体验的管理模型。认为顾客的体验伴随着发现、评价、获得、整合和拓展5个购买阶段展开，企业可以通过对这些阶段的管理提升顾客体验，从而提升向消费者传递的价值。他们认为，在发现阶段，重点要考虑的是在何时何地你的服务以何种方式吸引顾客的注意，这是构建行之有效的发现体验的关键。在评价阶段，企业重要的是考虑如何传递价值体验；在获得阶段，重点是要以创造性的眼光，真正从客户的角度去考虑他们的需求，这样就算你并不具有完全的决策权，也能使整个销售流程变得更完美。在整合阶段，要意识到在这一阶段顾客所经历的繁杂的细节，都会对消费者的价值体验造成重大影响，因此在将体验的各个环节组成整体的过程，需对顾客体验各环节的细节及其组合进行关注。在拓展阶段，应摆脱以产品为导向的框架，力争通过与顾客建立密切联系的伙伴关系拓展与顾客之间的联系（Britton，2004）。普奇内利等对这一模型进行了拓展，他们通过对顾客行为文献回顾，提出在零售业顾客体验管理中，除了顾客购买的5个过程外，还应关注以下7个要点：顾客的购买目的、购买模式及信息交换途径；顾客的记忆；顾客参与；顾客的态度；顾客的情感；氛围；顾客选择。他认为这7点在顾客决策过程中具有重要的作用，因此将这7个要点与顾客购买决策的5个过程共同组成顾客体验管理的框架模型（Puccinelli，2009）。

与环境学派对顾客体验主体的忽视相反，感知学派围绕顾客主观感知展开，强调了顾客体验的主观性和个性化的特征，但其仍具有明显的局限性，即操作性不强及对环境因素的影响的忽略。

2.1.3 战略学派的顾客体验管理模型

战略学派认为顾客体验管理是企业的一项战略选择，是在以顾客体验为中心的指导原则下对企业运营管理系统进行优化。其中克里斯沃等提出的服务运营战略概念模型较有代表性，他们提出服务体验的管理框架应包括以下3部分：服务运营战略设计，包括体验管理的背景决策、体验管理的组织决策、体验管理的消费者决策以及体验管理的关联决策等；消费者从服务接触中直接获得的顾客体验；以顾客价值等界定的绩效表现。在运营战略决策中，第一步是顾客体验管理的背景选择，这包括设施展示、技术流程、人流量等服务场景的设计等内容。第二步是体验管理的组织抉择，是指组织管理系统的基础建设和公司政策制定等，具体主要包括企业的人力资源系统如何招收和培训能提供优质顾客体验的员工，并创造鼓励顾客参与的企业文化与氛围，以及企业的管理架构及领导设置如何保障企业以顾客体验为核心这一指导思想的贯彻实施。第三步是企业管理的消费者决策，是指顾客接触点的管理如何保障以顾客体验为中心。第四步体验管理的关联决策，是对上述组成部分和服务流程的整合，其中最关键的是组织的沟通机制如何使企业内部信息沟通通畅（Chris Voss，2008）。这一模型推出后，有研究者指出，克里斯沃等的模型中只关注了企业可控制的因素，而忽略了企业不可控因素。范霍夫提出企业在进行体验设计与管理时还必须考虑不可控因素，如顾客以前的消费体验以及在其他渠道的消费体验等（Verhoef，2009）。格雷瓦尔的模型则强调了宏观经济这一企业不可控因素，认为对于全球市场尤其是零售业来说，许多发展趋势均源自宏观经济及政治因素的影响，然而这一对顾客体验产生重要影响的因素却在体验管理研究中长期被忽视了（Dhruv Grewal，2009）。

战略学派从以顾客体验为中心出发，对企业原有运营及管理系统进行优化，操作性强，但与原有运营管理系统融合的深度和广度上究竟走多远合适，是一个需要重点关注的管理难题。同时由于战略学派的研究视角是组织行为，因此其对顾客体验的产出管理跳出了其他研究仅从顾客行为进行衡量的局限，从组织的营销和财务贡献衡量顾客体验的产出管理。

上述三类顾客体验管理模型从不同的角度对顾客体验管理的框架和关键要素进行了阐述，充分揭示了顾客体验管理的多维性和复杂性内涵。环境学派的体验管理模型从影响顾客体验的环境因素着手，对于管理实践来说操作性强，但其也具有明显的局限性，就是对顾客这一体验主体的忽略。与之相反，感知学派则围绕顾客主观感知展开，强调了顾客体验的主观性和个性化的特征,但其仍具有明显的局限性，即操作性不强及对环境因素的影响的忽略。战略学派从以顾客体验为中心出发对企业原有运营及管理系统进行优化，操作性强，但与原有运营管理系统融合的深度和广度上究竟走多远合适是一个需要重点关注的管理难题。

综上，基于顾客体验管理的多维性和复杂性特征，各学派应综合各家观点，相互借鉴，才能更加科学合理地理解和管理顾客体验。以上学者们从不同的视角对顾客体验管理进行了解释，这些解释有一个共同点就是：顾客是体验的中心，体验的主体是顾客。同时综合以上各派观点，可以给我们勾勒出顾客体验影响因素的轮廓：环境因素、消费者的个体因素和企业因素。获得良好的顾客体验是顾客参与的一个重要目的，因此顾客体验的影响因素可以为价值共创的影响因素研究提供借鉴，即在考察顾客参与时，可从环境因素、个体因素和企业环境等情景因素多方面的影响进行分析。

2.2 顾客角色：从被动购买到顾客参与

早期的经营哲学认为价值是由企业创造的，顾客位于企业之外，是被动的购买者。传统以企业为中心的规模化生产模式几乎没有考虑顾客能够参与创造价值，这使企业在面临新的市场竞争环境时，利润和顾客满意度越来越低。原有的孤立价值创造模式正逐渐丧失其效用（Pine，1993；Pine，1998）。

伴随着经济全球化和网络化的发展，顾客的消费行为发生很大的变化，主动性越来越强。托夫勒（Toffler，1980）指出随着进入后工业时代，越来越多的顾客参与到产品的生产和营销等过程中，成为“Prosumers”，即参与产品制造的消费者。首先，这与顾客需求越来越个性化相关。一方面企业间提供的产品和服务的差异越来越小，另一方面顾客越来越成熟，消费者选择的已经不仅仅是商品的使用价值，而且还包括其他“延伸物”。心理上的认同感已成为消费者做出购买某一品牌的产品决策时的先决条件，消费与消费者自我概念的塑造与表达的联系越来越紧密，消费者对展现自我、突出个性的要求逐渐增强，人们越来越追求个性化消费，以标新立异、与众不同的风格表达自我独特的形象，顾客主观上希望自已对消费过程和消费结果有更大的影响力。由于个性化需求对顾客来说日益重要，企业能否灵活有效地提供个性化的的产品或服务越来越引起关注，这也导致大规模定制、个性化、互动化的概念与技术日益受到关注。此外，信息技术的进步，特别是互联网的广泛应用，使顾客可以便捷地通过互联网上获取广泛的产品或服务的信息，对产品和服务供应者的依赖程度降低，顾客正变得越来越主动和专业，同时越来越重视与企业的交互经历（孔庆华，2007）。

顾客消费行为的变化推动了企业运作模式的转变，在与企业的关系中顾客角色也变得越来越重要而主动。20 世纪 90 年代初，由于市场持续细分、个性化需求不断增长以及技术进步等因素综合作用，使得运作模式从规模化生产向定制化生产转变，麦克认为大规模定制的出现，是以顾客为中心、精细生产、个性化需求不断增长、产品市场生命周期越来越短以及扁平的授权管理文化等一系列管理创新的综合体现（Michael，1993；Pine，1999）。科塔则认为大量定制方式的出现是由于技术进步、顾客能力的提高以及市场竞争形势，逼迫企业为取得竞争优势而必须向顾客提供定制化的产品和服务以满足其需求（Kotha，1995）。陈荣秋（2002）认为企业采用大规模定制是适应竞争环境产业化的必然反应，指出随着顾客消费水平的提高，主要竞争因素也相应发生变化，当影响需求的主要竞争因素是获得顾客的信赖时，企业便需要尽可能满足顾客的个性化要求，于是大量定制生产方式随之出现。大量定制作为一种新的生产运作方式，适应了市场竞争的发展方向（Kotler，1989），这不仅有效改善了产品的市场表现，提升了销售绩效，而且在促进基于消费者参与的产品创新、培养顾客忠诚、形成差异化竞争优势方面都具有重要的战略意义（Dellaert，2005）。从上述对定制化生产的所有描述中我们可以看到顾客这一词语反复出现，顾客推动了定制化生产模式的出现，同时顾客不再是被动的购买者，顾客参与成为企业获取顾客定制需求的一种必要手段，正是顾客参与使定制产品和服务得以实现，顾客开始成为企业的影响者。

但是随着消费者个性化需求的不断深入和顾客能力的不断提高，大量定制也暴露出一些无法克服的缺陷。例如，定制化要求企业准确掌握顾客偏好等相关信息，但企业却发现做到这点越来越难。这一方面是由于获取顾客偏好的过程充满了艺术性，另一方面是由于大规模定制缺乏和顾客沟通的机制（Huffman，1998；Zipkin，2001）。再如，大规模定制生产中企业往往缺乏对顾客的引导，使得顾客不得不面临海量的信息和复杂的选择过程，这可能导致顾客满意度降低（Huffman，1998），而且大量定制的产品仍然无法满足顾客日益凸显的深度个性化需求和体验，于是顾客化定制的模式应运而生。

2001年，温德和朗格斯瓦米首次从运作模式的高度对顾客化定制进行了探讨，认为顾客化定制是定制化生产的新阶段，从大规模定制向顾客化定制演进是必然的，因为顾客化定制以顾客为中心，将大规模定制和定制营销结合起来，利用互联网和电子商务的快速发展，实现了企业与顾客之间的互动，更好地适应顾客个性化和一对一营销（Wind，2001）。和大规模定制相比，顾客化定制更以顾客为中心，在营销方面更加个性化，顾客参与的环节和控制权更多，运作内容也增加了定制过程中的顾客参与活动（陈荣秋，2006）。

尤其进入21世纪以来，全球化、网络化、高新技术的发展为消费者角色的进一步变化提供了可能。营销已经从产品导向转向了以无形的交易过程和交易关系为核心的服务导向，顾客参与程度越来越深。顾客不仅是企业的积极影响者，还成为企业的伙伴，成为服务的共同创造者，见多识广的、网络化的、充分授权的、积极主动的消费者正在和厂商一起共同创造价值。

2011年，李耀和王新新提出顾客不仅从被动的购买者转向积极主动的价值共同创造者，还将转向以顾客为价值主导的模式（李耀，2011）。

综上所述，从大量定制开始，顾客逐渐参与到越来越多的企业运作过程中。顾客从被动的购买者向积极的创造者转变，从知识缺乏到见多识广，如表2-2所示，。企业不能再独立自主地采取行动、设计和提供产品和服务，不能再单独精心确定市场营销信息、控制没有消费者干预的销售渠道，企业的运作模式也从规模化生产，到定制化生产，再向共同生产转变。在这一发展过程中，顾客参与日渐加深，与顾客共同创造价值将成为未来的竞争模式（Prahalad，2004）。

表2-2　企业—顾客互动的深化和转变

	顾客作为被动的受众			顾客作为共同创造者
	劝说预先决定的顾客	与顾客交易	与顾客的终身契约	与顾客共同创造独特的价值
时间	20世纪70年代初至80年代初	20世纪80年代末至90年代初	20世纪90年代	2000年之后
消费者的角色和市场观念	顾客位于企业之外；他们被算作预先决定的被动买家，顾客是企业产品交易的目标			顾客是增强的竞争网络的一部分，他们共同创造（并共同提取）价值；他们是合作者，共同开发者，竞争者，市场是共同创造体验的论坛
顾客管理思想	顾客是一般统计量，购买群体是由企业预先决定的	顾客在交易中是个别统计量，无论是在数据库纪录中，还是单个的实体	顾客是人；培养信任和关系	顾客不仅是必须尊重的人，也存在于主题社区中，是自然出现的社会和文化架构的一部分
公司与顾客互动和产品与服务的开发	传统市场研究和调查，不考虑反馈，生产事先设定的产品和服务	由卖产品给顾客转变为通过顾客确定问题，并基于反馈重新设计产品和服务	通过用户观察，服务于顾客；从依靠用户和顾客确定解决方案，然后基于对顾客的深刻理解重新设计产品和服务；从预先设计好的特征菜单中定制产品和服务	顾客是价值的共同创造者，对话、获取、风险评估和透明度都是共同创造价值的组成部分；产品和服务是体验环境的一部分，在此环境中，顾客共同塑造他们自己的体验；体验环境的设计具有可演进性，企业和依靠顾客共同形成体验环境的预期和市场接受度
目的和信息流	接近并定位于预定的顾客群；个人与顾客的联系；单向沟通	数据库营销：企业与顾客个人联系；双向沟通	关系营销：双向接触和沟通	与顾客积极对话来共同形成个人的期望并共同塑造个性化的体验；多方位接触，网络沟通

资料来源：普拉哈拉德·拉马斯瓦米著. 消费者王朝——与顾客共同创造价值［M］. 王永贵，译. 北京：机械工业出版社，2005：13.

2.3 顾客参与的内涵

价值共创是顾客参与的发展形式。对顾客参与的概念、特征、构成、影响因素及作用等进行综述，将为价值共创的内涵、前因与结果提供借鉴。顾客参与的概念源自服务营销，具体而言，源于服务的不可分性（Alison，2003）。与有形产品不同，服务不能被预先生产、储存，然后出售、消费。服务生产时消费者必须在场，因此购买者往往会参与到服务的生产中，这被认为是顾客参与最早的起源。以下将对顾客参与的概念、顾客参与的构成维度、顾客参与和其他相近概念的区别和联系，并对顾客参与的前因变量与影响效应的相关研究进行梳理。

2.3.1 顾客参与的概念

对顾客参与的界定，总体来说包括两类：一类以“卷入”对顾客参与进行界定，认为顾客参与是指顾客被卷入服务运作和交付过程中的程度（Dabholkar，1990）。由于卷入（Involvement）通常被视为态度变量，因此用“卷入”一词进行顾客参与的界定时，则往往既包括了实际行为，又隐含了态度等主观心理因素与状态。另一类则认为顾客参与是个行为概念。用顾客行为界定顾客参与的代表人物有格林沃尔德、瑟马克、罗丹和范秀成等。

格林沃尔德等人（Greenwald & Leavit，1985）提出顾客参与是指与服务的生产和传递相关的顾客行为。

瑟马克等（Cermak，1994）认为顾客参与是指与产品和服务的生产和及传递相关的顾客精神和物质方面的具体付出行为。该概念明确了顾客行为相关的付出既包括物质上的也包括精神上的。

范秀成和张彤宇（2004）明确指出顾客参与是个行为概念，指与生产和服务相关的顾客行为。

综上可知，顾客参与包括参与态度和参与行为两个层面，在实证研究中，参与态度往往采用参与意愿这一概念，参与行为则多数用顾客参与直接代表。因此，本书选用参与行为界定顾客参与的方式，认为顾客参与是与产品和服务的生产和及传递相关的顾客精神与物质方面的具体付出行为（Cermak，1994）。

2.3.2 顾客参与的构成维度

对于顾客参与的构成维度或要素，还没有一个形成共识的结论。根据研究的角度不同，其构成维度和要素也各不相同。总体来看，顾客参与的构成维度讨论主要围绕参与环节、参与形式、顾客付出和参与程度 4 个方面展开。

斯巴凯特和费斯科根据顾客投入的内容将顾客参与的形式划分为顾客智力的努力（Effort）与投入（Involvement）、实体的努力与投入以及情感的努力与投入。其中智力的努力和投入指顾客在信息和脑力方面的努力和付出，比如向医生提供关于个人健康状况的信息或整理相关材料向保险经纪人提出建设性的问题等。实体的努力和投入包括有形物和体力的努力和付出，当顾客在超市内自助选购商品或按照保健医生的要求节食或休养的时候，他们就需要付出体力。在有形物的努力和投入方面，顾客拥有或管理的物体都作为实体投入的有形物。当顾客与服务人员互动时，还可能付出情感，比如当顾客与一些不够友善、不够积极的服务人员接触时，就需付出耐心以保持愉悦，此时顾客就付出了情感，顾客参与往往是以上几种付出的组合（Silpakit，1985）。

哈伯特根据顾客参与程度不同区分出了 3 种水平的顾客参与：低水平的顾客参与、中等水平的顾客参与和高水平的顾客参与。低水平的顾客参与，是指产品生产过程全部由企业完成，顾客只是产品的授受者，在服务传递期间仅要求顾客出席。中等水平的顾客参与，是指产品生产过程全部由企业完成，但企业的生产过程受到顾客的直接影响，服务创造中要求顾客投入信息或者其他资源，来协助企业生产产品。企业所提供的产品反映了顾客的个性化意愿。高水平的顾客参与则需要顾客与组织共同合作生产共同创造价值，从新产品构思到生产过程衔接以至售后等各个方面，顾客都全方位参与（Hubbert，1995）。

克雷科恩在此基础上将顾客参与分为3个维度：出席、信息提供以及合作生产（Claycomb，2001）。雷克沿袭这一思路，将顾客参与总结为CPI（Customer Participation as an Information Resource）和CPC（Customer Participation as a Codeveloper）两个维度（Eric，2008）。

凯洛格等根据参与环节和参与形式识别出顾客参与的4种维度，分别是：（1）事前准备，即服务前的准备行为，例如：顾客事前寻找相关指示，以及准时或提前出席传递过程。（2）关系建立，即顾客与服务供应商建立关系的行为，例如：表达友善的言词、主动认识服务提供者以及试图建立忠诚度等与服务供应商的人际互动行为。（3）信息交流，指在服务过程中的信息提供、寻求和交换等。（4）干涉行为，即顾客在服务结束后向企业反馈信息，并热心地对问题提供诊断与解决的方案（Kellogg，1997）。

宾克斯等人（1999）根据顾客参与的内容提出顾客参与包括3种形式：（1）信息分享，为了确保个人需要得到满足，顾客需要将信息传递给服务人员，顾客将“信息”的资源输入服务企业的参与行为称为信息分享。（2）责任行为，指顾客履行作为服务产品的共同生产者的职责，由顾客亲自去执行的服务中的部分内容的行为。（3）人际互动，一方面包括顾客与企业的各种人际关系因素，比如信任（trust）、可靠、支持、共同合作以及承诺等；另一方面还包括顾客的人际互动，比如与员工以及其他顾客的互动。彭艳君认为他们构建的顾客参与的维度体现了服务的交互本质，目前很多关于顾客参与的研究都是借鉴他们对顾客参与的维度划分的（彭艳君，2008）。

2.3.3 顾客参与相关概念的辨析

1. 顾客参与与顾客接触（Customer Contact）和服务接触（Service Encounter）

由于服务的生产与消费具有同时性，那么在服务中顾客往往出现在服务现场，因此从某种角度来上，只要是消费服务产品，顾客总是“参与”其中的，那么“顾客参与”这个词与顾客接触或服务接触等词有何区别与联系呢？本研究认为主要是程度和角度的不同。蔡斯

（1978）按照顾客在场时间占服务提供总时间的比例将顾客接触分为低度接触和高度接触。其中高度接触是指顾客卷入服务的程度较深，对服务的过程和质量等产生影响。这个过程要求顾客参与，因此高度接触可以认为是顾客参与的另一种表述（Kelogg，2000）。服务接触（Service Encounter）则是从“互动”的角度提出来的。格鲁诺斯（1998）提出消费过程是服务体验的关键组成部分，顾客对服务过程的感知对于顾客对整体服务质量的评价非常重要，他将这一过程的管理称为“互动营销”。在互动营销中将顾客与员工的接触称为服务接触。与顾客接触的概念类似，顾客与员工的互动可以是低程度的在场接触，也可以是主动的深入的互动，这其实也就等同于顾客参与的概念。因此，本研究认为顾客参与专指顾客较高程度的接触或互动，往往带有一定的主动性。

2. 顾客参与与顾客卷入（Customer Involvement）

对于顾客参与与顾客卷入的区别与联系，不同的学者看法不同。有学者认为（Alden，1989；Jensen，1989），顾客参与往往用于服务流程而卷入通常与有形产品的消费相关。有学者（Dahringer，1991）则认为在实际研究中卷入也被用于服务产品的消费，因此服务产品中的卷入与顾客参与是相同的概念。瑟马克（1994）指出，虽然在“卷入”的测量量表中有一些行为维度的测量，但一般来说，卷入通常被认为是个态度变量，是与产品或服务和顾客的相关性或对顾客的重要性程度相关的一个概念，而顾客参与则通常被视为行为变量，用来表示在产品或服务中的特定行为。

2.3.4 顾客参与的前因变量

关于顾客参与的前因变量，目前研究主要沿着三个方向展开：一是与产品服务等相关的外部因素的推动，二是源于顾客自身内心需要的内部因素的驱动，三是顾客知识等参与能力因素。

顾客参与是一种顾客创造行为，环境对顾客创造性影响的早期研究来源于行为主义学派，他们认为创造性行为必须在社会环境中展开，其来源于外部的强化，环境通过强化来产生来自外部的创造驱动力（外部动机），因此，环境因素对于创造性的刺激与驱动作用非常重要。在顾客驱动的外在因素研究方面，学者们从多方面进行了探讨。斯巴凯特（1985）从情境因素和服务特征两方面进行了研究。情境因素指物理环境、社会环境、财务状况等，服务特征指定制化水平、服务传递的方式、便利性以及参与后可以削减成本的空间。劳伦特（1985）则从产品的感知重要性方面进行了研究，认为产品的感知重要性是顾客卷入的前因变量，产品对顾客越重要，顾客的参与的行为就会越明显。产品对于消费者的象征意义，以及产品的享乐价值，为顾客提供更多的心理收益，顾客在这类产品上的介入程度比较高。有学者（Xiaohua，2004）通过中国公司和美国公司的比较研究，提出外部因素包括：环境因素（技术变革等）、行业背景（产品技术与产品复杂性等）以及组织因素。在影响顾客参与的外部因素中，行业背景中的产品和服务的特征是一个重要变量。格雷瓦尔等（2001）以电子商务为背景，对组织顾客参与前因变量进行了研究，指出对于组织顾客，顾客参与取决于其动机和能力，在动机中对效率和合法性等外部因素进行了探讨。

同时，创造性活动也始于个体，个体的内在心理特质必然是这些行为的动力来源。在顾客驱动的内在因素研究方面，洛夫洛克（1983）指出顾客愿意参与到服务过程中来，主要源于内在动机的驱使，顾客可以独立自主地根据兴趣来决定是否参与到服务过程中。贝特森（1985）从顾客对所需时间的感知及控制感的感知两个方面对顾客参与的影响进行了研究，指出顾客对所需时间的感知及控制感的感知是影响顾客使用自助服务意愿的两大重要因素。感知控制人们通过对周围环境控制所获得的收益。作为一个认知构念，感知控制带有很强的主观性，受到态度和其他人行为的影响。这个研究说明顾客参与到服务中去不仅仅是为了降低成本的考虑，也存在满足心理需要的动机。在服务业中，有些消费者宁愿牺牲服务价格、便利性，也要参与到服务过程中去。对时间的感知则主要表现为对参与时间感知成本，近似于其他学者的感知风险中的时间风险的概念。斯巴凯特和费斯科（1985）也对顾客内在因素进行了探讨，指出顾客因素是指顾客心理需求、自我概念、顾客的社会角色和感知风险等。罗丹等人（2000）认为顾客参与的重要动机源于心理层面，包括获得享乐体验、控制感和自我实现感等。首先，消费者从参与活动的过程中获得的体验直接激活了强水平的享乐体验和流畅体验幻想，使消费者获得快乐和幸福的感觉；其次，参与的任务对于消费者来说可能具有一定的挑战性，消费者在参与活动中需要投入智力和情绪等资源以完成参与任务，这会激发消费者对自我意识的挑战，当消费者完成参与过程后，会意识到自己的潜能得以充分发挥，从而在参与过程的挑战中获得控制感和自我实现感。

劳埃德等人（2003）的研究表明减少风险和获得心理满足是顾客参与的重要前因变量，他们指出顾客参与的一个主要原因是享受合作生产的过程（例如家庭花园维护、减肥运动、学习新技术等），其中控制感是心理满足的重要来源，一个人如果能有效地控制过程或结果，他的参与积极性将会大大提高。

徐岚（2007）从认知需求和独特性需求（包括独特性产品和独特性体验）两方面对顾客内在动力对顾客参与行为的影响进行了探讨。他认为，在消费场景中，消费者的认知需求对其参与意愿不产生显著影响。认知需求是指人们从事认知活动并从中获取享受的心理倾向，在一般的创造性理论中，个人的认知需求是影响创造性的一个重要因素，大量实证研究结果也表明，认知需求与个人的创造意愿正向相关。消费者的独特性需求对消费者的创造性参与行为有显著的正向影响。他认为独特性需求包括独特性产品需求和独特性体验需求两个维度。首先，独特的产品可以作为象征意义的载体，消费者希望通过消费独特的产品形成独特的自我形象和社会意象，产品在消费者以及社会群体的意识中的独特性程度越高，越有利于塑造和传达消费者独特的自我形象和社会意象，因此独特性地产品需求驱动消费者参与创造性的活动，以使产品的独特性显著增强，进而提升独特的自我形象和社会意象。其次，不仅参与的结果（形成的独特的产品）对塑造和传达消费者独特的自我形象和社会意象有促进作用，消费者还将参与创造的过程看作一种体验探索活动，他们可能在参与过程中寻求带给他们的新奇、独特和复杂的独特性体验，通过这种独特性体验达到自己理想的刺激水平，因此消费者的独特性体验需求对创造意愿产生显著的正面影响。

耿先锋（2008）以医疗行业为背景对感知风险对顾客参与的驱动作用进行了实证研究，结果表明时间风险、绩效风险、心理风险、财务风险都显著地影响顾客参与行为。其中，时间风险是指消费者在购买产品时，由可能发生的时间耗费所造成的损失，如患者搜寻相关医疗服务信息需要花费太多的时间为患者带来损失。绩效风险是指产品存在质量或功能瑕疵不能达到所预期的效果而产生的风险。如就医前如果病人对自己的病情不了解，后面的就医过程会有可能出现误诊的风险。心理风险（Psychological Risk），是指产品或服务不能达到预期水平时，产生的焦虑、不安和后悔等心理伤害的风险。患者如果在接受诊治之前没有好好地收集信息，寻找好的医院和医生，盲目地去投医，内心里就有产生担忧和不安的风险。财务风险（Financial Risk），是指消费者所购买的产品所获得的价值无法弥补购买成本带来金钱上的损失，如担心医生乱开药、乱检查、多花钱的风险。绩效风险、心理风险、财务风险与患者的参与行为正相关，而时间风险与参与行为负相关。

贾薇（2010）从顾客的心理契约、感知风险、自我效能、情感承诺和交互公平对顾客参与活动的影响进行了研究。其中心理契约是指在参与活动中，顾客对自己与企业之间互惠义务的感知和信念，尤其是对企业许诺义务或责任的感知。他认为在消费情境中，顾客与企业间的心理契约包括交易心理契约和关系心理契约。当顾客感知到企业维系与顾客关系仅是出于经济动机时，顾客就会建立交易心理契约；当顾客感知到企业维系双方关系除经济动机外，还有互利、友好、真诚等积极的情感动机，顾客就会建立关系心理契约。自我效能是指顾客在行为执行前，对自身能够在哪种水平上完成该行为活动所做出的自我判断或主体自我感受。自我效能高的消费者对自身在服务过程中的贡献和水平会有一个良好的预期，参与过程的挑战性可能激发高自我效能的顾客参与到服务过程中，积极表达自己的需求、分享自身的经验，以显现和提升其自我驾驭参与事件的能力。因此，顾客参与服务的自我效能越高，顾客在参与活动中投入的资源就越多，自我效能对顾客参与有显著的正向影响。情感承诺是指在对交易伙伴的积极情感基础之上，消费者会逐渐喜欢或爱上他们的服务提供商，从而表现出的对组织积极的关心和依恋的感觉。如顾客可能会感到是其伙伴机构的一部分，感到和该培训机构有感情上的联结和强烈的归属感，甚至产生情感依恋等。情感承诺会引发消费者的积极情感，在消费者与组织间建立起较强的纽带关系，从而促使消费者积极参与组织活动并完善自身的合作生产行为，因此，情感承诺对顾客参与有显著的正向影响。交互公平指顾客对企业信息交流和结果传递中的人际交往的公平性判断，它与交往过程中的人际互动质量密切相关，包括服务人员的诚信、礼仪、态度等人际交往因素。如在服务过程中处理顾客所关心的问题所花费的时间是否充足，能否认真地对待顾客所关心的问题，是否尽了最大的努力处理顾客所关心的问题等。在参与服务的过程中，由于服务的无形性、共同创造与服务消费同时性等特性，顾客希望企业公平地对待自己。因此交互公平对顾客参与有显著的正向影响。感知风险与耿先锋的研究类似，主要从时间风险、绩效风险、心理风险和财务风险方面进行的测量，结论显示感知风险对顾客参与具有显著的正向影响。

另外，从文献回顾来看，信任也是影响顾客参与的重要心理变量。大量的研究表明关系信任度越高，人们越是愿意参与社会互动（Fukuyama，1995）。学者们发现信任既用于人与人之间，还用于经济实体之间，信任在企业合作中的积极、正面作用已经得到了大量学者的支持（赵学礼，2008）。信任能够促使双方交换信息和建议，是促进组织间合作的重要变量（Akbar，1998）。那哈皮特（1998）等研究证明存在高度信任的前提下，人们更愿意在知识交换中承担风险。信任也意味着更大程度通过交换和整合获取潜在的价值创造，同时顾客参与知识创造可能导致的高度不确定使得信任尤显重要。

曾光华（1995）对顾客能力对顾客参与的影响进行了实证研究，指出顾客能力是顾客参与的重要影响因素，顾客参与能力越强，其参与程度越高。顾客参与能力包括顾客知识、顾客的购买经验、沟通能力及可支配的时间与精力等。其中顾客知识是一个最重要的参与能力因素，他指出顾客拥有的相关知识越少，对于主要的决策会较缺乏信心，因此更倾向于成为一个接受者或辅助者。相对的，如果顾客拥有的相关知识越多，则会更加充满贪心，从而更易成为合作生产者。同时，由于顾客的知识丰富，使他更有可能寻找到可信的服务提供者，从而进一步促进参与程度的加深。对顾客能力的测量使用单条题项（如“你认为在该情景中，顾客具有丰富的知识吗”）语义区分量表测量。

综上，顾客参与的前因变量主要包括外在因素、顾客内心因素和顾客能力 3 个方面。对于顾客参与的内外部前因变量的研究都较有限，且尚待深入。而且以上对顾客参与的内外因素的研究基本都是基于消费者的，而且多集中于制造业（王永贵等，2011），如表 2-3 所示。在产业市场上组织顾客参与前因变量与消费者是否存在区别？尤其是个人特征明显的内在心理因素在组织顾客中是否存在？以何种形式存在？人们对这些问题的答案所知甚少。只有格雷瓦尔等（2001）对组织顾客参与前因变量进行了研究，且仅从效率和合法性等外部因素进行了探讨，对于组织顾客内在因素的研究少有见到。本研究拟将组织顾客参与的内在动力作为重要研究内容。

表 2-3　顾客参与的影响因素

	研究者	前因变量	研究背景
外部因素	Silpakit & Fisk（1985）	情境因素（包括物理环境、社会环境、财务状况等） 服务特征（定制化水平、服务传递的方式、便利性以及参与后可以削减成本的空间等）	B2C
	Laurent & Kapferer（1985）	产品的重要性	B2C
	Xiaohua & Richard（2004）	环境因素（技术变革等） 行业背景（产品技术与产品复杂性等） 组织因素	B2C
	Grewal（2001）	效率和合法性	B2B

续表

	研究者	前因变量	研究背景
顾客内在因素	Bateson（1985）	感知控制和感知风险（时间风险）	B2C
	Silpakit & Fisk（1985）	自我概念、社会角色、感知风险	B2C
	Rodie & Kleine（2000）	获得享乐体验、控制感和自我实现感等	B2C
	Lloyd &King（2003）	感知控制	B2C
	徐岚（2007）	独特性需求	B2C
	耿先锋（2008）	感知风险（包括时间风险、绩效风险、心理风险、财务风险）	B2C
	贾薇（2010）	心理契约、感知风险、自我效能、情感承诺和交互公平	B2C
	Akbar（1998）；赵学礼（2008）	信任	B2B
顾客能力	Kong-Fah Cheng（1995）	顾客参与能力包括顾客知识、顾客的购买经验、沟通能力及可支配的时间与精力等	B2C

资料来源：作者根据文献整理。

2.3.5 顾客参与的影响

目前对顾客参与的影响的研究主要有两种视角，一种是从企业的角度探讨顾客参与对企业绩效，企业创新及企业价值的影响；另一种则从顾客的角度探讨顾客参与对顾客满意度，顾客感知价值及顾客价值的影响。

1. 顾客参与对企业的影响

顾客参与对企业的影响研究主要从提升服务绩效、企业创新和价值贡献三方面展开。

（1）提高服务绩效

洛夫洛克和杨格（1979）率先从营销的观点指出顾客参与可以提高服务生产率。他们通过美国 5 个服务领域在营销管理上变革管理成功的案例研究，发现这些企业成功最主要的因素，正是将顾客视为组织的内部员工，激励顾客参与服务生产和传递的过程，让顾客与员工共同创造服务的产出，从而提高了组织的生产力。后来的不少研究者对顾客参与提高服务绩效的原理进行了探讨：米尔斯等（1983）认为顾客参与行为本身也是一种“合作生产”行为，拓展了企业边界，顾客参与了服务的生产和传递过程，顾客成为“兼职员工”，承担了一部分原来由企业完成的工作，为服务生产付出了努力、时间或其他资源，可以节约企业的成本，顾客跟员工一样通过时间精力等的投入影响组织的生产率。鲍恩（1986）、莫里斯等人（1986）认为顾客参与生产过程是生产率提高的源泉，在顾客提供完整资讯的情况下，可以降低交易所需的时间和组织的活动成本，改善服务绩效，进一步提高组织的生产力。琼斯（1988，1990）指出在餐饮服务中，顾客自助选择和自我服务将有助于提高组织的生产率。

霍斯特曼和麦克唐纳（1994）指出顾客不仅通过付出时间与精力等方式提高企业的生产效率，同时通过顾客参与可以改变顾客的期望进而提高生产效率。他们认为顾客在购买之前存在的期望水平，会随着顾客参与体验的不断深入而逐渐发生变化，而且顾客参与水平的变化也会影响到顾客的期望水平。博恩（1997）也指出顾客参与的一个好处就是，在服务的创造和传递过程中通过顾客参与可以调整服务质量。福特和希顿（2001）指出顾客还可以通过影响其他顾客，并通过其他顾客的意见反馈间接影响企业的服务绩效。

（2）企业创新

顾客参与是企业创新的源泉。顾客参与对企业创新的贡献主要在制造业中展开，如希佩尔等人（1992）以管束设备、厄本和希佩尔（1994）以印刷电路板——计算机辅助设计、克里斯琴等人（2000）以户外运动器械为背景对顾客参与企业创新进行了研究。弗兰克等人（2003）发现，顾客参与创新可以明显地提高产品新颖性、市场潜力与商品化程度。有学者（Luteberget，2005）指出，相对于普通顾客，具备极强创新能力的领先顾客，由于他们的丰富的专业知识和对技术的熟知，其创新行为往往更有助于提升产品质量与绩效水平。埃里克（2008）以制造业为背景对组织顾客参与行为进行了实证研究，指出顾客参与对企业创新的影响体现在对产品革新和新产品上市速度的影响两方面。同时顾客参与对新产品开发和上市速度的影响受到下游顾客网络的紧密度、客户依赖程度及复杂性等变量的调节，并对少有人研究的顾客参与对企业创新的负面影响进行了研究，指出当客户依赖程度低时，CPC 对新产品开发产生负面影响。张文敏（2010）对制造业利用基于顾客体验的顾客参与行为进行创新进行了探讨。

范秀成和张彤宇（2004）等提出对于服务业来说，顾客参与同样是企业创新的源泉，他们指出服务企业可以利用顾客参与行为创造新的价值，从而开拓新的利基市场。比如，美国精品国际酒店集团的 MainStay Suite，在住宿业中首次定位于需要长期居住而又愿意进行自助服务的旅行者，向顾客提供了一个全天 24 小时有效的自动登记入住、退房的系统，每套房间都设有一个装备齐全的厨房，入住客人可以自己准备一日三餐，旅馆还备有自助物资储备室，入住客人可以自己选取所需要的手巾、床单、厨房用品及化妆品等，总之通过多种方式鼓励顾客参与服务创新。而且与制造业的创新相比，服务创新是一个充满更多不确定性的过程，因此顾客参与服务创新更加复杂而必要（周冬梅，2009）。

（3）价值贡献

顾客参与对企业的价值贡献主要集中在对企业经济价值的影响上（汪涛、望海军，2008），同时也有学者提出顾客参与增进了企业与顾客交流，促进了双方关系发展，通过发展良好而持续的顾客关系获得了关系收益，从而增加了关系价值。

如王永贵（2006）总结提出顾客对企业的关系价值主要通过以下 3 个方面体现：首先是财务贡献，即顾客对特定企业的持续购买、更多购买和更深入购买为企业带来的价值增值。其次是社会贡献，即顾客通过口碑行为为企业带来更多的顾客以及为企业建立的正面声誉等推荐价值。最后是知识贡献，即顾客可以提出自己的价值主张（Gronroos，1990），同时运用自己的信息和知识，积极主动地参与价值的共同创造和交付（Bolton，2004）。

以上研究探讨的均为顾客参与对企业的正面影响，而随着顾客参与活动的深入，人们开始越来越多地关注顾客参与的负面影响。

例如，鲍恩等（1985）指出相对于员工而言，被视为部分员工的消费者，组织所能加以掌控的能力很小，管理消费者是非常困难的。所以，消费者的参与可能会增加服务过程的不确定性。

斯巴凯特和费斯科（1985）的研究中也提到，如果顾客参与服务的程度比较高，顾客可能感到服务绝大多数是自己所完成，从而产生对企业的不满。

福德尼斯、巴里和索特（1993）从顾客参与对竞争力的影响方面对顾客参与的负面影响进行了探讨。他指出顾客通过参与行为对企业的服务流程熟悉以后，一方面会提高顾客的议价能力，相对弱化企业与顾客的谈判优势；另一方面可能提高对产品的心理预期而对企业未来的竞争产生负面影响。而且顾客掌握服务流程的重要信息以后，可能会传递给同行竞争者，从而加剧行业的内部竞争。

鲍恩和福特（2002）从服务绩效和员工压力两方面对顾客参与可能造成的负面影响进行了探讨，指出：首先，顾客并不能完全理解自己所承担的责任，为了使顾客能胜任其在服务提供过程中所扮演的角色，企业不得不花大量的时间、精力和经费培训消费者，所以虽然看上去顾客承担了部分原本由企业完成的任务，但这些额外的培训可能导致企业整体的付出成本增加，从而对服务绩效产生负面影响。其次，顾客参与对员工的工作压力也会带来负面影响，顾客参与程度越高，可能带给员工的工作压力越大。吉米等（2010）通过顾客和员工的配对样本研究，为顾客参与对员工压力带来的负面影响提供了实证证据。

2. 顾客参与对顾客的影响

顾客参与的研究主要集中在对企业的影响上，从顾客的角度，尤其是顾客参与对顾客的心理过程和心理评价的影响却重视不够（汪涛、望海军，2008）。梳理顾客参与对顾客心理感受和行为的影响研究，顾客参与对顾客的影响主要有顾客满意、顾客价值和感知质量 3 个关键变量，详见图 2-1。

（1）对顾客满意的影响

从目前的研究结果可以得出，顾客参与与顾客满意之间的关系主要有三种观点：

一种观点认为顾客参与可以正向提高顾客的满意度（Bateson，1985；Cermak，1991；Mills，1986；Zeithaml，1981；Dong，2008；Chang，2009）。

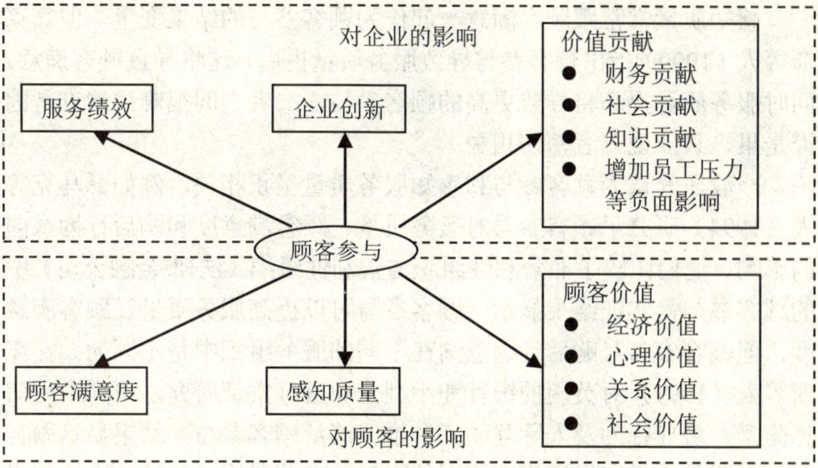

图 2-1　顾客参与的结果变量

另一种观点认为顾客参与也可能对顾客满意度产生负面影响。如凯洛格等（1997）提出顾客参与的准备行为和建立关系行为与满意度呈正向的关系，而信息交换行为和干涉行为则与满意度呈负相关。吉米等（2010）提出顾客参与是把双刃剑，它既能提高顾客的经济价值，增强顾客与员工的关系，但同时也会增加员工的工作压力从而降低员工的满意度，进而对顾客满意产生负面影响。汪涛、望海军（2008）指出顾客参与导致顾客满意需在一定前提下才是正相关的，离开这些前提顾客参与并不能导致顾客满意。如在服务结果比顾客预期差的前提下，顾客参与将使顾客更加不满意。

还有一种观点认为顾客参与和顾客满意之间的关系不显著，如Filet 等（1992）、克莱科姆等（2001）的实证研究结论表明顾客参与和满意度之间的关系不显著。之所以顾客参与与顾客满意的关系不确定主要是顾客满意的原因比较复杂，而实证研究主要是针对某一具体行业开展的，如法律行业、金融业等。由于在不同的行业中顾客参与的形式特点差异较大，而影响顾客参与的因素很多，因而，实证研究得出了不同的结论。

（2）对感知质量的影响

感知质量常常跟顾客满意一起作为顾客参与的结果变量。但宾克斯等人（1999）指出顾客参与导致服务质量提高，这将导致顾客满意。同时服务质量提高将导致更高的顾客参与，二者之间很难说清谁是因谁是果，只能说二者密切相关。

一般研究认为顾客参与和感知服务质量呈正相关，例如瑟马克等人（1994）研究了顾客参与对服务质量、顾客满意度和购后行为意向的影响。他们比较了非营利性组织与营利性组织（法律/金融公司）中的顾客参与，实证结果显示：顾客参与可以提高服务质量及顾客满意度，但顾客参与对购后行为意向在不同的服务组织中是不同的。宾克斯等人（1999）对英国的银行和小型企业进行实证研究，研究中用信息分享、责任行为及人际互动三个维度测量顾客参与。结果显示顾客参与对服务质量和满意度有正面的影响。克莱科姆（2001）实证结果表明，顾客参与程度越高，感知的服务质量越高，服务的保证性和移情性越高。

（3）对顾客价值的影响

顾客可能并不关心通过他的参与对企业生产率提高的贡献，他们关注的是他们的需求有没有得到满足，即参与能在多大程度上增加顾客的收益，提升顾客价值。管理大师德鲁克指出，企业的首要任务就是创造顾客，而创造顾客的前提是企业能够为顾客创造价值。科特勒提出在一定的约束条件下，顾客是最大化价值的追求。因此，如何为顾客创造更大的价值是企业能否持续发展的关键。

顾客价值一直被视为营销学的核心概念（Woodruff，1997），为顾客提供价值被视为所有市场营销活动的基础（Holbrook，1994），也是企业经营的根本目标（Slater，1997）。国外对顾客价值研究起始于20世纪80年代，并从90年代以来逐渐成为营销学术界和企业界共同关注的焦点问题（Sandra，2000；叶志桂，2004；胡旭初，2004）。顾客价值研究目前正沿着三个不同的方向展开（齐佳音，2005）：

一是从顾客的角度认识顾客价值，即将顾客视为价值感受的主体，企业视为价值感受的客体。这是传统意义上的顾客价值，从顾客的角度来感知企业所提供的产品或服务的价值，这是顾客价值研究目前成果最为丰富和深入的领域。该顾客价值衡量了企业提供给顾客的消费者剩余的大小，顾客通过对不同企业所提供的消费者剩余的比较，来做出购买决策。如何理解和满足顾客需求是这一领域研究的核心问题。

二是从企业的角度认识顾客价值，即将企业视为价值感受主体，顾客视为价值感受的客体。它衡量了顾客对于企业的相对重要性，有利于企业在长期盈利最大化目的下为顾客提供产品、服务和问题的解决方案。吸引、保持和发展盈利顾客是该研究的目标，顾客生命周期价值是这类顾客价值研究的重点。

三是将企业和顾客互为价值感受主体和价值感受客体的顾客价值研究。它与之前的研究视角不同，是一个崭新的领域，目前有影响力的研究还不多见。通过关系、伙伴以及联盟来实现企业和顾客的双赢是目前的研究重点。

本书的顾客价值研究是从顾客的角度来研究顾客价值，即第一种意义的顾客价值。为了不至于引起混淆，除非特别说明下，本书的主体部分所涉及的顾客价值概念，均是指顾客为价值感受主体、企业为价值感受客体的顾客价值，即是从顾客的角度来看顾客的价值。尽管从顾客的角度对顾客价值具体内涵和测量方式的总结并无定论，但多数学者认为顾客价值是顾客收益和顾客成本间的一种平衡（Hauser，1986；Zeithaml，1988）。至于具体包括哪些收益和成本，则根据不同的情境而有所不同（Eric，2008）。目前从顾客的角度来看顾客参与对顾客价值的影响目前主要集中在经济价值、心理收益、关系价值和象征价值上：

第一，顾客参与可以提高经济价值。经济价值是指顾客关注以较少的钱获得较多的与财务相关的收益（Gassenheimer，1998）。早期的顾客参与研究主要关注顾客参与对经济价值的影响，认为顾客参与的主要原因是为了节省时间和金钱等财务刺激。1985年，贝特森综合前人零散的研究提出即使不存在通常所说的财政刺激，仍有顾客会选择自助服务等参与形为的假设，并对顾客参与的价值影响进行了系统研究，提出顾客参与除节省时间、提高效率和降低风险等财务刺激外，也增加顾客的控制感、独立感等因素。2010 年，吉米等提出顾客参与通过更好的服务质量、定制化的服务和提高控制感等 3 个方面提升顾客的经济价值 。同时顾客和企业进行相关的信息交流等参与活动，可以使企业了解顾客的真实需求，从而按照顾客真实需求去组织生产，从而使企业提供的产品和服务更能满足顾客的需求，增加了顾客感知利得。

第二，顾客参与可以增进顾客的心理价值。范秀成和张彤宇（2004）分析了顾客参与的作用机理，顾客通过参与来满足其心理利益，从而强化顾客的感知服务质量认同。顾客心理利益包括体验利益和感知控制。顾客心理利益的来源有：一是顾客参与服务生产是可以享受乐趣；二是有许多顾客参与服务生产是降低服务质量的不确定性；三是体验利益和感知控制参与行为会给顾客带来新奇感，实现自我超越；四是在顾客参与者群体中体验到友情和归属感。斯巴凯特和费斯科（1985）指出顾客参与越多，顾客更容易评价服务。他们还进一步指出，顾客参与越多，越会将服务失败原因归为自己。有的学者则从体验价值的角度对顾客的心理收益进行了探讨。朱俊（2007）提出顾客参与还直接带来了体验价值。一方面，企业通过顾客参与企业活动，吸引顾客前来感受与领略活动内涵带给他们的那种快乐与难忘。当参与过程结束时，顾客把体验的感受珍藏在心，获得了体验价值。另一方面，顾客参与过程，也是顾客学习的过程。顾客通过参与企业生产活动，可以近距离地认识产品，从而丰富自己的相关经验和知识，这属于教育体验收益。

第三，顾客参与增进了企业与顾客交流，促进了双方关系发展，提高了关系价值。有的学者也将关系价值称为社会价值，如有学者（Gassenheimeretal，1998）指出社会价值是指顾客对与供应商之间的关系的满意程度方面的收益。许多测量主要将建立了良好的关系作为终点，但这种关系到底给顾客带来哪些价值则少有进一步的建构。如吉米等（2010）对顾客参与给顾客带来的关系价值的测量包括 3 个问题：①顾客参与有助于顾客与服务提供者建立良好的关系；②顾客参与使顾客获得服务提供者的关系认可；③顾客参与使服务互动更愉悦。只有第三个问题从顾客心理感受角度对顾客与企业的关系究竟给顾客带来哪些具体价值进行了探索。

第四，顾客参与增加顾客的象征价值。顾客参与是顾客表达的一种方式，通过表达增进了顾客的社会收益。社会是由人构成的，每个人都是有一个自我，而离开了消费，自我的塑造就有缺口，就要塑造自我认同。每个个体不仅是一个生物体，还是自我被塑造了的个体，也就是被灌输了很多的社会属性和文化属性的个体，不再是一个纯粹的生物个体，所以，任何的生物个体放在不同的社会、不同的环境当中，他的内涵是不一样的，内容是不一样的，而这个具体的内容就是他被塑造的内容。从双性恋、同性恋等少数客人的在酒吧中的顾客参与行为进行观察，顾客参与表演成为展示其身份的一种手段。克莱恩等人（2000）认为顾客参与意愿由其投入所带来的感知收益所决定，这些收益可能是效率的提高，也可能是情感收益或享乐性收益。在同性恋酒吧里，客人穿着“奇装异服”，做着他们的特定举止，这些都是顾客参与的形式，通过这些形式实现其表达的目的，进而成为其身份认同的标志，通过认同增进了顾客的象征性收益。

本研究对上述顾客参与背景下基于顾客视角的顾客价值内涵进行整理，发现顾客价值主要由经济价值、心理价值、关系价值和象征价值构成。

在顾客参与对顾客的影响研究中，目前最广泛采用的变量是顾客满意，此外，近年来有越来越多的学者用顾客价值作为顾客影响的结果变量（张明立，2011），认为顾客价值的研究是在顾客满意未能很好地解释顾客购买行为时提出的，是顾客满意的前置变量（Petrick，2001；Eggert，2002；Lam，2004）。范秀成等认为顾客参与服务过程会影响他们的服务质量感知及服务获取成本，进而影响顾客感知价值。同时顾客感知价值高将导致高水平的顾客满意，并强化顾客忠诚，增加企业收益，顾客感知价值是顾客参与对企业绩效产品间接影响这一链条的中心环节（范秀成，2004）。克罗宁（2000）则通过收集 6 个行业不同样本的数据来比较模型的拟合指标，结果发现，价值—满意—行为模型拟合得最好，也就是说感知价值对于行为意愿同时存在直接和间接作用，而满意在其中起到了中介效应。这种关系在服务营销范式以及 B2B 的商业环境中同样得到支持和验证同理，在 SST（Self Service Technique）情境下，顾客的感知价值也是基于认知的一个构念，它代表的是使用 SST 传递服务过程中利益和付出之间的落差，而顾客对于 SST 的满意主要是情感和评价反应，社会科学方面的研究表明认知的形成过程引发了情感反应（曹忠鹏，2010），因此顾客价值是顾客满意的前因变量。

然而，目前典型的顾客参与的影响研究多关注个人用户或消费者，而且主要集中在制造业，典型的顾客参与对创新的影响研究多关注个人用户或消费者，而且多集中于有形产品（制造业），且以定性的案例研究或描述性统计分析为主。而无形的服务具有区别于有形产品的一些本质特征，但人们对服务业中组织顾客参与的影响的知识却所知甚少（王永贵，2011）。除了经济价值外，对于作为经济实体的组织顾客，存在非经济价值吗？消费者具有的社会与心理价值在组织顾客中是否存在呢？其表现形式如何？上述问题尚未见实证变量进行系统回答。

2.4 创新主体：从企业中心到顾客创新

虽然人们大都认为企业应该而且实际上承担着创新的重任，但实质上自 20 世纪 80 年代开始，顾客领域内的创新已经逐渐得到了理论界的关注（Hirschman，1980）。市场竞争的加剧促使企业利用规模化的手段降低成本，技术更新速度的加快使得规模化的扩张得以实现，然而规模化必然导致产品的同质化，从而使“商品化”现象日益严重。在“商品化”的趋势下，企业提供的产品要与竞争者的具有明显的差别变得越来越难，创新对企业显得越来越重要的同时，却也变得越来越困难（郭红丽，2006）。从国内外的创新实践来看，创新存在着一个两难陷阱：一方面，为了战胜竞争者吸引顾客，企业需要持续地创新；另一方面，企业花费了大量人力物力和财力开发出来的新产品，却可能由于不能满足顾客需求，而无法实现新产品的市场化和商业化。每年都有相当比例的新产品艰辛地开发出来，却很快就夭折了。造成这一创新两难陷阱的根本原因，就在于传统的生产者创新模式内生的制度缺陷，即新产品的开发是生产者单方面的创新行为。仅由企业进行市场调研，收集和分析消费者的相关信息以作为创新的依据，忽视了顾客在创新中的参与作用（涂永式，2008）。

实际上，早在20世纪70年代，人们就开始重视顾客在创新中的重要作用。如希贝尔通过对仪表、元件制造业等行业新产品开发的实证研究，发现很多创新不是来自企业内部，而是源于最终使用者。分析大量数据后指出，几乎所有的主要新产品的设想以及80%的次要新产品的改进，都直接来自与用户的联系，由领先用户开发的新产品在新颖度、市场份额以及发展潜力等方面均显现出明显的优势。在其专著《创新的源泉》和《让创新民主化》中，全面介绍了以用户为中心的创新理论，明确指出传统的以制造商为中心开发新产品的模式虽然仍具有旺盛的生命力，但以领先用户为中心开发新产品的模式变得越来越重要，并日益显示出巨大的优势。产品设计由原来的以生产商为主导，向以消费者为主导的转变趋势越来越明显，价值往往是由生产商和消费者共同创造的，消费者参与创新的热情和能力是一种不容忽略的重要资源。索尼、美的和新中源陶瓷等一批制造商，已经利用与顾客共同创造价值实现了管理创新，增加了产品的附加值。由企业孤立创造价值的模式正逐渐丧失其效用，尤其供求关系的改变，加上大量定制及体验经济的出现，从根本上改变了企业的运作模式。顾客已不再是被动的购买者，而是积极的价值创造者，顾客甚至被认为是企业核心竞争力的新来源（Prahalad，2000），顾客开始成为企业的伙伴。

企业所关注的焦点已经从提高内部效率转变为充分利用外部资源，尤其是利用顾客资源，以更好地满足顾客需求并赢得竞争优势。价值共创共同创造价值正是未来的竞争模式。不少企业正是利用将顾客当作企业的伙伴和积极的价值创造者为企业创造着竞争优势。法兰特等人（1995）甚至提出，生产和消费的颠倒正是后现代时代的特征之一：消费者不断地争取扩大自身在生产中的作用，原来属于生产者的特权地位正在逐渐缩小。消费者不再满足于处于被动地站在供应链末端，而是逐渐将其力量渗透到产品和服务的设计和生产环节，追求个性化的、符合自身需求特征的产品和服务。而网络化和数字化时代的到来，使得企业与顾客之间的沟通和相互作用发生了很大的变化。这不仅有利于顾客更深入地参与到企业的生产服务中，也为企业接近和获得顾客的知识和观点提供了可能。用户，正成为一种重要的创新力量。

与生产者创新模式相比，顾客创新具有以下显著的战略优势：

首先，顾客创新有利于克服标准化生产体系的不足，更有效地满足用户多样化需求（涂永式，2008）。满足顾客需求是市场营销的起点和企业经营活动的中心，但顾客需求是多样化的。不同的消费者，由于文化因素、社会因素、个人因素和心理因素的影响，对于同一种产品的需求具有差异性；同一个消费者，对同一产品的需求也可能随时间而变化。标准化生产体系依靠市场细分和大规模定制化满足用户多样化需求的方式，必须不断平衡日益增加的成本和在细分市场上可能获得的收益之间的关系，而用户按照自己的意愿进行创新，将更有效地满足自己多样化和个性化的需求。

其次，顾客创新减少了创新中的不确定性，让创新的结果更加符合顾客的要求（周冬梅，2009）。在市场营销观念指导下，企业要进行创新首先要通过市场调研了解顾客需求，并从中寻找创意。这就需要企业对顾客调研信息进行编码和转换，在这一过程中可能会受调研技术、信息的隐密性等因素的限制造成信息漏损，而顾客创新则能更有效地克服信息漏损现象，顾客的参与不仅有效地提高了创新的质量和顾客满意度，还能缩短创新周期。

最后，顾客创新为顾客提供了不一样的体验，这本身就是一种创新。如广州的 Cake 100 温情蛋糕学堂，其出品的蛋糕跟市面上出售的普通蛋糕并没有明显差别，品种款式都没有什么特别之处，但这家蛋糕作坊秉承 DIY（Do It Yourself）理念经营，由顾客自己担当蛋糕师，在店里的专门蛋糕师傅的介绍和指导下，家人、同学、情侣、朋友在店里自己做蛋糕。正是顾客的产品设计和制作体验，帮小店实现了创新。除了DIY蛋糕店外，还有利用热烫设备经营的DIY T恤店、采用磁性剪纸技术的DIY剪纸吧、DIY项链耳环各色挂包及手机链等的饰品店、DIY各式花艺的“玫瑰园”、DIY陶吧等。顾客购买的不只是成品商品，还包括蕴含在制造过程中的那一份独特体验以及最终生成的独一无二的“新产品”。创新不再只由企业完成，也不只是通过技术革新等进行产品创新和改良，依靠顾客的共同创造体验的行为，可以让传统产品焕发生机（张文敏，2011）。目前，国内外典型的顾客创新研究多关注个人用户或消费者，而且多集中在生产有形产品的制造行业，在研究方法上以定性的案例研究或描述性统计分析为主。尽管价值共创这一概念的外延也涵盖了服务业中的用户，但目前很少有文献提及服务业顾客创新，既没有将其与制造业中的顾客创新相区别，更没有对个体消费者与组织顾客加以区分。显然，无形的服务具有区别于有形产品的一些本质特征，而且用户参与服务创新的现象较为普遍（黄筠珊，2008）。但人们对服务业中组织顾客创新及其影响的知识却所知甚少，对于组织顾客创新的绩效影响在我国服务业中的状况更是一无所知（王永贵，2011）。而桑德斯（2000）发现，服务业中的顾客创新与制造业中的顾客创新存在明显差异，并且前者的创新过程往往比后者更简单一些，用户也更容易参与其中。2011年，王永贵等以中国电信工程服务业中的组织顾客与供应商为调查对象，对服务市场中的组织顾客创新进行了研究，验证了这一说法。

综上，从营销实践来看，进入2000年后，营销管理进入了合作营销阶段，顾客在价值创造中的主动性越来越强，成为企业重要的价值共同创造者（Prahalad，2004），顾客正成为企业重要的创新力量，价值共创可以为企业创造竞争优势。但从研究现状来看，与蓬勃发展的顾客创新实践相比，用户参与创新的理论研究尤其是产业市场中组织顾客创新的理论研究呈现出滞后的状况（王永贵，2011）。

2.5 价值创造模式：服务占优逻辑下的价值共创

价值创造模式是服务占优逻辑体系中的重要内容。服务占优逻辑

（Service-centered Dominant Logic）是过去十年服务营销领域最具影响力的理论贡献之一（Moussa & Touzani，2010）。它于2004年由瓦戈和卢施提出的，他们指出：交易的中心从产品向服务转变，技术和知识提供的服务取代有形商品成为所有交易的基础，商品只是价值创造的媒介和服务的道具；知识是竞争优势的源泉；企业不能单独提供和传递价值，只能提供价值建议，价值的创造要求与顾客的互动和资源共享，顾客是价值的共同创造者（Vargo，2004）。这些观点登出后，受到广泛关注，并引发系列讨论。

2006年，瓦戈和卢施将多位学者共32篇关于服务占优逻辑的理论讨论文章结集出版，涵盖了服务占优逻辑的核心概念，基本假设、资源观、价值观及价值共同创造过程等内容成为服务占优逻辑理论研究的重要里程碑。在该文集中，卢施和瓦戈指出，虽然就现阶段服务占优逻辑的理论成果来讲它还算不上通论，但它为通论的发展奠定了理论基础，随着相关知识的丰富和完善，服务占优逻辑终将发展成为营销学的通论（Lusch，2006）。十年来，服务占优逻辑的研究受到日益广泛的关注，2011年达到第一个研究高峰期（Natalia，2013）。现有研究以理论研究为主，实证研究约占1/4，未来与服务占优逻辑相关的实证研究亟待加强（Natalia，2013）。

价值在服务占优逻辑中扮演着核心的角色（Natalia，2013），服务占优逻辑中，价值创造模式从企业中心模式向企业与顾客价值共创的模式转变。在《消费者王朝》一书中对企业价值创造模式的转变进行了深入地论述：

在过去几百年间，传统的经营围绕着企业自主创造价值的模式展开，认为价值是由企业创造的，通过市场调研获取顾客需求然后自主生产产品和提供服务，企业自主地决定它所提供的价值。在传统的经营理念中，顾客就像被追捕的猎物，而营销人员就像是瞪大双眼不断靠近猎物的猎人。为了更好地了解顾客，满足顾客需求，人们开发出一系列市场研究工具，以掌握顾客需求，并不断地通过评估与竞争对手的优势与劣势，以超越竞争对手的方式更好地满足顾客需求。为了能够更有效地确定顾客需求，企业不得不对顾客进行不断地细分，以便对细分市场提供有针对性的商品和服务，这被描述为竞争优势的源泉。但由企业创造价值的模式，使价值创造过程与市场分离开来，长期以来，供应与需求的匹配成为以企业为中心的价值创造过程的难题。

社会正在悄悄地发生着深刻的变革：从供给方来看，企业生产的产品和提供的服务越来越多，数量前所未有的巨大，这些产品与服务正通过不断增加的渠道流通到消费者手中。从需求方来看，由于手机、网站和渠道的普及与发展，消费者可以前所未有的高速度和低成本获取越来越多的信息。但问题是：谁能拥有足够多的时间和技能，来挑选并评价如此多的产品和服务呢？产品多样性并不能必然导致顾客体验的提高。

对于高层管理者而言，数字化、生物技术和智能材料等方面的技术进步，以及全球化、产业管制的放松等政治、经济环境的变化，使得产业边界、市场的地域边界和产品界定日益模糊，这为企业提供了创造全新产品与服务、实现业务转变的大量机会，使企业在根本上从激烈的竞争中寻找新的发展机会成为可能。同时，竞争正日益激化，利润率也在不断下降。为了获得成功，管理者不能够再仅仅关注成本、产品、质量、速度和效率。为了实现赢利性成长，管理者必须不断地探求新的创新与创造力之源。

于是，就出现了一种似乎矛盾的悖论：消费者拥有越来越多的选择，但满意度却越来较低；高层管理者拥有更多的战略选择，但却只能创造出更少的价值。管理者正面临着如何创造更多价值的巨大压力，而曾经的价值链管理、质量管理、组织与过程再造、企业文化和裁员等手段却存在着固有的局限，因为这些努力的根本都着眼于改进组织内部。这迫使人们重新审视传统的以企业为中心的价值创造体系。传统以企业为中心的价值创造模式几乎没有考虑顾客能够参与价值创造过程。随着市场竞争的加剧和技术传播速度的加快，产品和服务逐渐趋于同质化和规模化，出现了“商品化”现象，在“商品化”的趋势下，企业提供的产品和服务之间的差别越来越不明显。这使企业在面临新的市场竞争环境时，利润和顾客满意度不断下降。原有的孤立价值创造模式正逐渐丧失其效用。

认识到传统的价值创造模式正趋于过时，许多企业已经开始尝试新的经营假设。人们发现一种新的价值创造模式正在出现，新的模式是以消费者与企业共同创造顾客体验为基础的价值共同创造模式。在这种新的价值创造系统中，价值创造过程是以顾客及其体验为中心的，顾客不再是价值的被动接收者，他们会主动对企业提供的价值进行详细调查、分析和评价。因而，企业不可能再单方面地进行产品和服务的决策。积极的消费者可以参与不同的社区，并获得充分的信息资源。而且顾客所获得的这些信息资源，有时甚至比企业内部所掌握的信息资源还要丰富和全面。一方面，企业需要将顾客纳入价值创造系统中以便有效地为顾客创造价值；另一方面，顾客可以根据自己的观念自由地选择他们想要与之建立关系的企业，猎人开始成为被捕猎的对象。

这对传统的价值概念及其创造逻辑提出了挑战，对价值本身、价值创造过程和企业与消费者之间关系的本质提出了质疑。在这种新的模式下，企业与消费者在各个“互动点”上共同创造价值，企业不可以再单边地思考和采取行动了。共同创造既不是活动向顾客的转移，也不是面向顾客实施的资源外取活动，更不是少量的产品与服务定制化。同时，共同创造也不是围绕企业不同产品与服务而发生的顾客事件。时至今日，诸如此类的与顾客之间的互动已不再能够满足多数消费者。共同创造还包括以下含义：通过对特定消费者而言具有深刻内涵和敏感性的互动，来共同创造价值。对每个个体而言，共同创造体验（不是企业提供物）是独特价值的基础。结果，市场就像一个论坛，一个围绕个体及其共同创造体验而形成的论坛，而不再是被动地围绕消费者需求企业提供物的“钱袋”。消费者和企业正密切地参与到价值的共同创造过程之中，所产生的价值对单个消费者而言是独特的，对企业而言则是可以持续的。

本研究对顾客价值共创的国内外主要文献进行了整理（详见表2-4），发现顾客积极参与价值共创在国内外都已得到实证证实，价值共创研究样本行业既覆盖了汽车、食品加工、钟表制造等制造业，也涉及了美容、教育培训、零售和旅游业等服务行业，消费者层面的研究较多，在组织层面对顾客价值共创进行实证研究的较少。价值共创共同创造价值是未来的竞争模式，进入2000年后，营销管理从关系营销阶段进入到合作营销阶段，这一阶段的价值观点是与顾客共同创造体验，市场观点是通过对话创造价值平台，顾客积极参与价值共创，企业与顾客积极对话（Prahalad & Ramaswamy，2004）。在企业价值创造模式从企业中心向价值共同创造的转变中，价值共创程度越来越深，商品成为是价值创造的媒介，顾客成为服务的共同创造者，见多识广的、网络化的、充分授权的、积极主动的消费者正在和厂商一起共同创造着价值。价值创造模式的转变是价值共创的结果也是背景，价值共创后究竟对企业和顾客双方的价值产生了哪些变化是一个值得深入研究的问题。国内外相关研究表明让顾客成为合作生产者有助于顾客价值的创造（Prahalad & Ramaswamy，2004；Lusch & Vargo，2006；Prahalad & Krishnan，2008），但很少给出实证证据（贾薇等，2011）。对价值共创“合作生产”对哪些顾客价值产生何种影响等问题缺乏系统探讨。

表2-4　价值共创的主要研究

作者	来源	主要结论	研究方法	研究背景
Prahalad, Ramaswam（2004）	Journal of Interactive Marketing	从与传统价值创造模式进行对比的角度对共同创造的基本假设和内涵进行了界定，指出价值共同创造是未来的主要竞争模式	理论研究	无
Jennifer, Edward（2007）	Marketing Intelligence and Planning	对共同创造中顾客社区对顾客的影响进行了研究，指出在共同创造背景下，企业的目标不应将主要精力放在对交易的关注或与顾客关系的建立上，而应该着重于顾客社区的建立，产品、分销及促销等均围绕顾客社区而展开	案例研究	B2C 体育用品店
Yung-Ching Ho, Hui-Chen Fang, Jing-Fu Lin（2007）	The Business Review, Cambridge	2000～2008年通过对中国台湾TSMC、7-11、PChome Online 3个企业的追踪研究，指出价值共创成为一种新的商业模式，它能提高企业的创新能力，创造竞争优势	多案例研究（3个案例）	B2C 半导体制造、零售业和电子商务企业

续表

作者	来源	主要结论	研究方法	研究背景
朱俊、廖英（2007）	价值工程	根据顾客角色的演变史，提出顾客是价值的共同创造者，价值共创可以提高产品价值、体验价值和关系价值	理论研究	
Eric Fang，Robert & Kenneth R. E.（2008）	Journal of the Academic Marketing Science	价值共创将正向影响顾客与供应商对关系的投入，进而影响顾客价值 顾客价值未作细分，笼统用顾客主观感受测量，例如“对于我的精力和时间投入来说，这个产品价值高”“相对于价格和我投入的精力而言，我对产品的功能感到满意”“我认为这个产品提供的价值高”	问卷调查（向最近两年参与过供应商革新的 OEM 发放问卷 188 份，向供应商发放问卷 135 份）	B2B 制造业
Andrea Ordanini（2008）	Eouropean Management Journal	产业市场中的共同创造现象的项目小组共同生产模式，即基于服务导向的 SOA 系统	案例研究和访谈相结合，共访谈了 10 人	B2B 某钟表制造商和某银行的组织顾客
汪涛、望海军（2008）	南开管理评论	合作生产是一种高度参与 合作生产本身并不是顾客满意的直接刺激因素，合作生产导致顾客满意有一定的前提感知参与方式的一致性、自身的自律倾向（情感导向和理性导向）和不同的服务结果都会对满意度产生不同程度的影响	实验法 向武汉地区 120 所高校的 MBA 学员发放问卷	B2C 教育培训业
Nicholas Frank（2009）	Journal of Marketing	对定制化中的共同生产现象进行了研究，指出顾客收益与产品卷入程度呈正相关	实验法	B2C 报业
Kimmy，Bennett，Simon（2010）	Journal of Marketing	价值共创与经济价值显著正相关 价值共创与关系价值显著正相关 价值共创是把双刃剑，它既能提高顾客的经济价值、增强顾客与员工的关系，但同时也会增加员工的工作压力，进而降低员工的满意度	问卷调查 向一家跨国银行在美国和中国香港公司的员工发放问卷 207 份，向顾客发放问卷 142 份	B2C 金融服务

续表

作者	来源	主要结论	研究方法	研究背景
Yung-Ching Ho，Hui-Chen Fang，Jing-Fu Lin（2010）	The Business Review，Cambridge	价值共创的商业模式将为企业带来更多的发展机会，成为价值源泉	案例研究（对 3 家中国台湾企业持续 8 年的研究）	B2B
万文海、王新新（2010）	经济问题探索	引入自我理论中的宾我和积极错觉理论，对参加节日活动的消费者进行研究，发现：物质我、社会我和精神我意识，是消费者参与共同创造价值活动的重要动机；具有积极错觉的消费者在一定程度上具有更大的参与创造价值的动力，但过高的能力评估并不利于共同创造价值活动的开展	问卷调查（以参加过各种晚会和聚会的消费者为调研对象，得到有效调查问卷 377 份）	B2C
张保胜（2010）	东北大学学报（社科版）	对共同创造的创新内涵进行了探讨，提出共同创造是在产品或服务价值创造过程中参体之间进行合作执行的过程，实际上就是一种合作性的创新活动，这种共同创造以知识为基础资源	案例研究	B2B 汽车产业
张凤超、尤海洋（2010）	东北师范大学学报（哲学社科版）	共同创造能够直接、有效地激发顾客的满意评价，并以顾客学习、顾客享乐为中介间接提升顾客满意度；共同创造与顾客学习呈显著正相关；共同创造与顾客享乐呈显著正相关	问卷调查（向广州市契合"共同制造"属性的食品加工企业的顾客发放问卷 365 份）	B2C 食品加工业
万文海、刘闲月（2011）	河南工程学院学报（社会科学版）	以提供健身、保养等服务的女子会所为研究对象，提出以消费互动为基础的共创价值可以促使消费社群融合，使顾客更加忠诚	深度访谈	B2C 女子会所
王新新、潘洪涛（2011）	外国经济与管理	对社会网络环境下的体验价值共创进行了综述，厘清了社会网络、服务占优、价值共创与消费体验之间的逻辑关系，提出了基于以上四者的研究架构	文献综述	

续表

作者	来源	主要结论	研究方法	研究背景
乔芳丽（2011）	经营与管理	构建了价值共创的理论模型，认为顾客共创的动因，包括经济因素、社会因素、技术困素和心理因素；顾客共创会对企业和顾客双方产生影响，在企业层面表现为效率和效果以及复杂性的提高，在顾客层面表现为更符合顾客需求和提高满意度等	理论研究	无
卢俊义、王永贵（2011）	管理学报	提出知识转移在顾客参与新服务开发过程和创新绩效之间可能的中介机制，构造了以知识转移为中介机制的顾客参与服务创新和创新绩效关系的理论模型	理论研究	
张文敏、沙振权（2011）	旅游学刊	对奖励旅游中价值共创的过程、特征及其影响作用进行了定性分析，指出企业可依靠价值共创实现转型升级	深度访谈	B2B 奖励旅游
Troye，Supphellen（2012）	Journal of Marketing	基于自我锚定理论和自我效能理论，作者提出顾客会将服务结果与自我评估联系起来共同创造，顾客的主动参与行为有助于提高其对产品的正面评价	实验法	B2C 食品制造和家具组装
涂剑波、张明立（2013）	湖南大学学报（自然科学版）	对虚拟社区价值共创进行了研究，指出顾客与平台服务人员的互动以及顾客与顾客的互动可以通过资源整合，促进实用价值、享乐价值和顾客资产的实现，实用价值、享乐价值、顾客资产均对顾客忠诚产生了显著的正向影响	问卷调查	B2C QQ、微博等虚拟社区
武文珍、陈启杰（2012）	外国经济与管理	介绍了生产者单独、生产者与消费者共同以及消费者单独 3 种不同的价值创造方式；然后对近几年刚刚形成的价值共创理论的演进脉络进行了梳理，着重介绍了 Prahalad 和 Ramaswamy 从企业竞争和战略管理视角提出的基于消费者体验的价值共创理论以及 Vargo 和 Lusch 提出的基于服务主导逻辑的价值共创理论，并且对这两种价值共创理论进行了比较分析；最后提出并阐述了生产者逻辑和消费者逻辑这两种不同的价值共创逻辑，构建了基于生产者逻辑和消费者逻辑的价值共创过程模型	文献综述	
李丽娟（2012）	地理与地理信息科学	以北京香山公园游客调研数据为基础，指出游客的某些性格特质、领袖地位、信息交流意愿及景区供给因素与其参与旅游体验价值共创行为具有正相关性，而游客通过与景区共同创造价值会提升旅游体验质量，并产生积极的游后行为意向	问卷调查	B2C 旅游景区

续表

作者	来源	主要结论	研究方法	研究背景
张婧、邓卉（2013）	南开管理评论	将服务主导逻辑的思维范式整合到品牌研究领域，对品牌价值共创的维度及其对品牌绩效的影响进行验证；研究提取了4组利益相关者界面上8个维度的品牌价值共创活动，这些活动直接或间接影响品牌价值的顾客认知以及最终的品牌绩效	深度访谈与问卷调查相结合（首先，对3家产业服务企业进行定性访谈，然后对258家产业服务提供商与客户企业进行问卷调查）	B2B 产业服务企业
吴清津、邹锐等（2014）	中国人口·资源与环境	对垃圾处理中的价值共创进行了研究，指出民众的感知价值包含功能价值、社交价值、利他价值3个类型，感知价值能有效增强民众对垃圾分类政策的支持行为；政府与市民的双向沟通、服务变革的实施环境氛围、民众对服务变革的公平感知及其变革意识，可以提升民众的感知价值，建议政府着力提升垃圾分类服务变革的功能价值、社交价值和利他价值，调动民众积极参与，维护价值共创	深度访谈与问卷调查相结合	B2C 垃圾处理服务
陈菊红、同世隆、姚树俊（2014）	科技进步与对策	从技术革新的视角，以制造企业价值创造流程为基础，构建了服务型企业与客户的价值共创流程模型；研究结果表明，价值共创机制能够有效提升制造企业产品服务质量，增加客户感知价值	理论研究	

资料来源：作者根据中外重要学术期刊文献资料整理。

第三章　奖励旅游中价值共创的实施过程与特征

在奖励旅游中，价值共创是如何实施的？以企业为顾客的奖励旅游的价值共创在动因与结果方面具有哪些特征？与个体消费者有无区别？尤其是个人特征明显的消费者内在心理因素在组织顾客中是否存在？以何种形式存在？这些动因如何影响其价值感知？本章通过对现实奖励旅游价值共创行为的实践者（包括旅游供应商和组织奖励旅游的企业客户）进行深度访谈，对价值共创行为的实施过程、构成、影响因素和结果进行了实践印证和挖掘，明确奖励旅游中价值共创的构成、实施过程、动因与结果，一方面为企业在奖励旅游中如何进行价值共创的实际操作提供借鉴，另一方面这些研究成果不但丰富和深化了对我国组织市场价值共创实践细节的认识，而且为假设推导和理论模型构建奠定了实践基础，与规范分析方法相交融，共同支撑和论证本书的理论模型和研究假设。

实施深度访谈有两个主要困难：一是被访谈对象一般具有相当的敏感性。由于奖励旅游目前在中国的实践中容易与“公费旅游”相混淆，所以许多组织奖励旅游的企业不愿意接受调研。二是样本选取少，难以判断其典型性和普遍性。我们期望不是讨论某几个特定的企业样本，而是能够在多个访谈的基础上提出一般性的规律。为了解决上述问题，本研究采取了以下措施，试图尽可能获得相对真实的信息：首先，研究对象的选择采用便利性抽样，通过研究者自身的人际网络进行寻找，请朋友介绍合格的访谈对象；其次，我们很清楚地告知对方研究目的及保密义务，使得访谈对象不用担心泄露商业秘密；最后，在访谈样本选择上尽可能挑选不同行业、不同规模的企业进行深度访谈，而不集中在某一特定的行业或领域，以便交叉验证（张玉利，2010）。

2010 年 9～11 月和 2011 年 3 月，本研究遵循便利性抽样原则，分别对奖励旅游的 4 家供应商（旅行社）和举办奖励旅游的 4 家企业客户进行了深度访谈。在供应商样本中，受访人员主要是该旅行社负责奖励旅游的经理或总经理。在企业客户样本中，受访人员主要是通过旅行社组织员工进行奖励旅游时负责与旅行社联络的组织人员，因为他们了解奖励旅游中本单位的参与情况，可以视为关键信息人。访谈样本基本情况如表 3-1 所示。

表 3-1　访谈样本基本情况

	样本编号	行业	规模	访谈对象	访谈时间
供应商样本	S1	旅行社	大型	奖励旅游部副总经理	2010 年 9 月 11 日在绿茵阁西餐厅客村店面对面访谈 1 小时 40 分钟 2010 年 11 月 2 日通过 QQ 访谈 1 小时 2010 年 11 月 4 日电话访谈半小时 前后三次共计访谈时间约 3 小时
	S2	旅行社	小型	产品策划部经理	2010年10月27日通过QQ访谈35分钟
	S3	旅行社	小型	国内旅游中心副总监	2010 年 10 月 27 日电话访谈 1 小时
	S4	旅行社	中型	市场营销中心总监	2010 年 11 月 24 日通过 QQ 访谈 1 小时
企业客户样本	C1	保险业	大型	销售支持部总监	2011 年 3 月 11 日在天河南二路伯顿西餐厅面对面访谈 1 小时
	C2	零售业	中型	人力资源部经理	2010 年 11 月 20 日在东莞某商场办公室面对面访谈 40 分钟
	C3	高校	大型	工会委员	2010 年 9 月 1 日在大学城中心酒店面对面访谈 1 小时
	C4	家电业	大型	人力资源总监	2010 年 9 月 3 日电话访谈半小时

资料来源：作者根据文献整理。

访谈内容围绕：

（1）顾客参与价值共创的现状；

（2）如何看待价值共创的现象；

（3）顾客参与价值共创的动机；

（4）顾客参与价值共创的影响。

3.1 奖励旅游中价值共创的实施过程

访谈发现，在奖励旅游中，价值共创已经成为一种普遍现象。

在常规的价值创造过程中，企业和消费者具有不同的生产与消费角色。企业生产产品与服务并创造价值，通过产品与服务在市场上的交换，使产品和服务从生产者手中转移到消费者手中，价值创造是发生在市场之外的。但佩恩等（2008）提出价值的创造已经跨越了厂商的界限，由企业创造过程，顾客创造过程和互动过程共同构成价值共创的框架。这意味着伴随着顾客与企业共同生产现象的出现，上述区分与差异正在消失。消费者已经越来越多地参与到价值的界定与创造过程之中。本研究将佩恩的价值共创流程应用到奖励旅游中，通过访谈识别出在奖励旅游中价值共创的环节和方式，参见图 3-1。

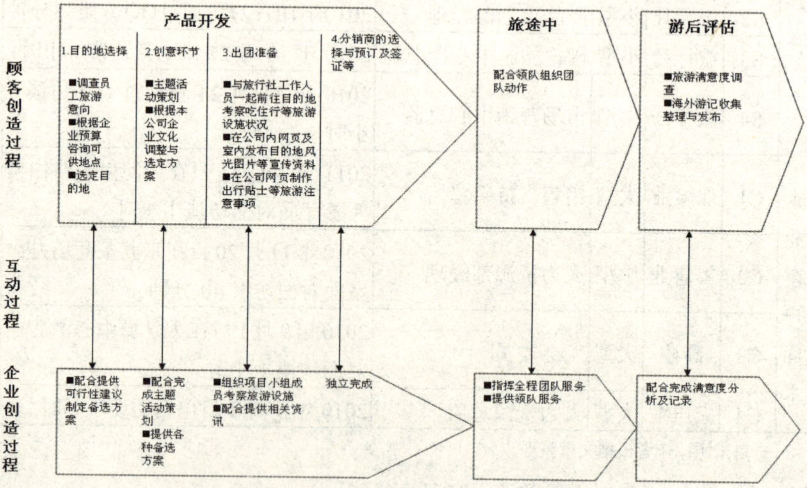

图 3-1　顾客、供应商价值共同创造流程图

资料来源：本研究根据访谈资料整理。

当问到顾客参与的具体环节时，受访者首先提到的是向旅行社积极提供各种信息。第一类信息是与公司个性化需求相关的信息，如提供本单位具体信息，包括人数、性别、企业文化、预算、旅行偏好等。第二类信息是就旅行社建议的行程及选用设施等根据本单位情况进行沟通。第三类信息是旅游后给旅行社的反馈。受访者表示奖励旅游如果满意的话，下次重复购买可能性高，因此，企业愿意向旅行社反馈相关信息以便其提升服务质量。

除了信息参与外，为了保证奖励旅游的效果，企业组织者还投入了大量时间和精力参与产品的开发与实施过程。有的企业自行安排一些团体活动和会议，有的企业派出销售支持部的客服专员，主管与部门总监和旅行社奖励旅游部的相关人员共同组成“项目小组”，进行奖励旅游产品的共同生产。

访谈发现，在奖励旅游产品的生产与实施过程中，只有少数环节由旅行社独立完成，多数环节由企业和顾客共同完成，其中有些环节还以顾客为主导完成，旅行社提供各种支持与配合，参见图 3-2。这验证了服务占优逻辑提出的厂商只能提供价值建议，价值必须通过价值共同生产的过程才能得以实现的假设。旅行社不再销售成品，而是通过支持价值共创与其共同创造价值。旅行社经营回归其经营旅行信息服务顾客的本质，利用其分工优势将众多的杂乱的相关信息加以集聚整合，降低顾客的信息搜索成本，帮助顾客节省费用、节省时间，提供专业咨询，创造附加值。酒店航班等分销商的选择、预订及签证等服务手续的办理属于旅行社的常规业务，旅行社在这些业务的运作上具有专业优势，由旅行社独立完成。其他环节则由主客双方根据竞争优势共同合作完成。在旅途中旅行社具有丰富的团队组织经验，因此团队的安排由旅行社主导完成，顾客方做好团队集中等配合工作即可。而在产品开发中的目的地选择环节，旅行社主要进行可行性建议，以前由旅行社进行的顾客旅游意向咨询与调查工作由顾客方企业内部共同开发项目小组主导完成。再如主题活动策划的创意环节，顾客企业派出具有广告策划经验的项目组成员，以及长期进行企业文化建设与管理工作具有丰富的活动策划经验的人员，这时围绕企业文化建设的主题活动策划则可由顾客企业主导完成。但如果顾客企业缺乏相关运作人才和经验，则由旅行社主导完成，提供备选方案由顾客方选择。

价值共创正推动旅行社经营哲学从“商品导向”向“服务导向”转变，旅行社的组织结构等内部生产经营模式也相应进行了调整，旅行社经营整合了顾客和企业的价值，其管理重心转向环境管理以创造机会吸引顾客贡献他们的知识参与生产，并利用自身的专业知识与技能为共同创造的实施提供服务支持，其角色正从传统的旅游供应商向旅游顾问转变。

作为一种管理工具，在奖励旅游中，旅游是手段或者诱因，激励是根本目的，这一特性决定了奖励旅游的定制化特点，传统的大规模标准产品难以满足奖励旅游市场的定制化要求。奖励旅游团的行程安排除了常规旅游项目外，围绕企业文化建设的主题活动策划成为“非比寻常”的旅游体验开发的核心。如中国香港广之旅为某大型保险公司开发的年终奖励旅游产品中，在旅途中的豪华邮轮上安排了一场由身着船长制服的保险公司总裁及装扮成船员的其他公司行政人员主持的主题颁奖晚会的主题活动，既别出心裁地宣传了企业文化、增加了企业凝聚力，又带给参与者平常参加普通团队程式化的旅游活动所无法获得的惊喜的旅游体验，令参加者回味无穷，极大地延长了奖励的激励效用（张文敏，2007）。奖励旅游的主题活动的计划与内容需要与企业的经营理念和管理目标相融合，而对企业文化及企业实现激励目标的种种需求，只有企业内部人士最了解。因此，近年来，许多经常开展奖励旅游的大公司在销售支持部里增设了一项旅游开发的职能，派出相关人员与旅行社组成“项目小组”，共同为本公司定制奖励旅游产品。在奖励旅游产品开发与实施过程中，产品不再是传统商品导向逻辑下由旅行社独立生产然后卖给顾客，而是由顾客中派出的销售支持部的客服专员、主管与部门总监和旅行社奖励旅游部的销售员、业务经理与业务总监共同组成项目小组，进行奖励旅游产品的共同生产，参见图 3-2。顾客成为企业能力的重要来源，顾客与企业共同创造价值，价值创造过程以个体的异质化体验为中心，共同创造体验成为价值的基础。

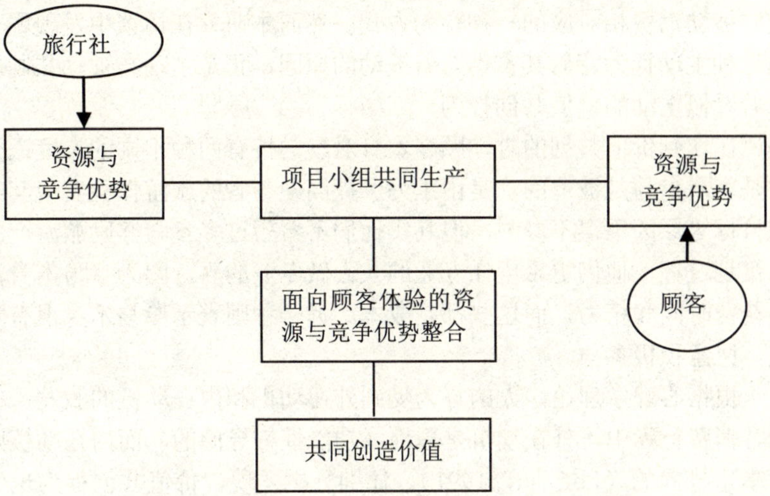

图 3-2　服务导向下的“奖励旅游”共同创造模式

资料来源：作者据访谈资料整理。

旅行社与顾客共同组成的项目小组使产品由厂商与顾客共同创造的过程得以实现，旅行社传统的生产包价旅游产品然后出售给顾客的“商品导向”逻辑行不通了，旅行社的经营重点转向管理环境创造机会吸引顾客贡献他们的知识参与生产，并利用自身的专业知识与技能为共同创造的实施提供服务支持，旅行社的经营哲学从“商品导向”向“服务导向”转变，其角色从传统的旅游供应商向旅游顾问或顾客的“参谋”转变。相应的在组织结构方面，对应团队观光旅游产品为主的按照旅游目的地进行划分的组织结构已经不能适应顾客关系为经营重点的需要，旅行社奖励旅游部门的组织结构也相应转变为按照顾客来划分。

3.2 奖励旅游中价值共创的前因变量：感知风险和独特性需求

价值共创是一种顾客主动行为（Liechty，2001；David，2006），是与被动消费相对应的一种行为方式。然而本研究在访谈中发现顾客的这种主动行为背后其实也有着被动的原因，正是主动与被动共同驱动着看似主动的价值共创行为。

在谈到价值共创的时，顾客本身对参与持有两种不同的态度：一种是表示参与是被迫的，是由于为了提高参与者的旅游体验实现其组织目标等原因不得不参与，但其实他们不希望过多参与奖励旅游产品的策划过程，他们更希望让专业的人去做专业的事，因为参与本身需要花费时间和精力，而这些都是成本。另一种则表示参与本身很有意义，愿意积极参与。

根据心理学理论，人的行为受到外在动机和内在动机的激发，在顾客消费行为中，外在动机是理性（功能性）导向的，而内在动机则是享乐导向的（Lofman，1991）。仔细分析发现，价值共创行为也受到外在理性动机和内在享乐导向的动机共同影响，以上两类对价值共创不同的态度正源自两类不同的参与动机。

顾客被动参与的原因是感知风险的存在，即顾客感到若由供应商独自生产可能无法产出其期望的结果（如稳定的高质量、独特的产品等），此时顾客为达到其预期的目标而“不得不”参与到生产过程中与供应商共同创造价值。此时，价值共创将感知到高额的成本付出，从其内心来讲其并不希望参与或过多进行此类参与。换句话说，由感知风险驱动的价值共创，是由于供应商的供应能力限制所致。如果供应外部条件成熟顾客更希望通过外包等途径解决，并非一定要通过价值共创实现，因此我们将之称为外在性参与。组织顾客感知的风险主要体现为绩效风险。

绩效风险主要体现在三个方面：一是担心本单位员工旅游后达不到预期的目的。比如 C3 反映“为了实现出行目的，希望以后会有更多的老师参与旅游，也是为了更好地履行工会的职责，我们自己多辛苦点，对旅行社的安排多提意见和建议是值得的”。二是担心旅行社提供的产品不能满足本单位的个性化需求。比如 C3 反映“我们去旅游的时候，通常都是一到目的地就开会，而且开会还是很重要的内容，但旅行社有时候在时间安排上就没有考虑到这点，有时候会出现开会时间不够或者安排不合理等问题，所以我们情愿自己安排”。C2 表示“有时我们会有一些我方的要求，想使旅行过程能更加符合我方要求点，积极参与更能了解旅行社的产品是否符合我们的需求”，“希望产品能更符合我们的个性化要求，业务资源部的会跟他们作一些沟通”。三是担心产品的质量不如预期的好。如 C3 反应“为了保证旅游产品的服务质量，让老师们的抱怨减少，一般会通过网评等方式对酒店等情况进行核实”。

还有一种顾客是主动并愿意参与的，这与供应商的供应能力等外部条件无关，本书将基于此类动机的价值共创称为内源性价值共创。这种内源性驱动力包括独特性需求和对供应商的信任两个主要因素。在独特性需求的内驱力作用下，顾客只有通过参与本身才能满足其独特性体验，外力无法代替。如船长晚宴中保险公司总裁穿上船长制服，其他公司行政人员装扮成船员为参加奖励旅游的员工服务。再如 C1 提到“某跨国公司在海外的会议组织中，只把签证等手续交给旅行社办，大部分会议筹备工作都由公司自己完成。其主要动因就是把企业参与会议筹备这种形式作为表达公司团队荣誉感的一种方式，通过这种方式表现公司的文化，你看全部会务都没交给外人，全部由我们团队自己完成，自己人为我们服务，做得这么好，觉得有种荣誉感在里面”。同时访谈发现供求双方的信任关系建立，也使得顾客愿意主动与供应商进行互动，就像样本 C2 反映的“愿意像帮朋友生意更好一样多提些改进意见”。

另外，除了参与动机外，旅行社的管理人员认为顾客的参与水平和程度跟顾客的奖励旅游经验有关。“越是奖励旅游组织得多、组织得好、跟旅行社合作次数多的企业往往参与程度和参与水平都较高”，本研究将其归结为顾客知识，认为影响价值共创的除了以上总结的独特性需求、信任和感知风险等顾客动机驱动外，还受到以顾客知识为代表的顾客能力的影响。

综上，通过深度访谈，发现独特性需求、感知风险、信任和顾客知识这些消费者价值共创的影响因素在奖励旅游中的组织价值共创行为中同样存在。与消费者不同的是，消费者的感知风险具有绩效风险、时间风险、财务风险等多种表现形式，但在奖励旅游顾客参与价值共创的背景下，组织顾客的感知风险仅有绩效风险得到验证，其他形式没有在访谈中出现。属于个人人格变量的独特性需求，在组织中主要表现为企业文化的需求，这一点与消费者层面独特性需求的表现迥然不同。

3.3 奖励旅游中价值共创对顾客价值的影响

顾客积极参与共同创造，是由于参与能为他们带来价值。早期研究主要关注价值共创对经济价值的影响，认为价值共创的主要原因是为了节省时间和金钱等财务刺激，对于企业来说鼓励价值共创主要是为了提高企业效率降低运营成本。1985 年，贝特森综合前人零散的研究提出即使不存在通常所说的财政刺激，仍有顾客会选择自助服务等参与行为，并对价值共创的价值影响进行了系统研究，提出价值共创除节省时间、提高效率和降低风险等财务刺激外，也增加顾客的控制感、独立感等因素（Bateson，1985）。2010 年，柯米等提出价值共创通过更好的服务质量、定制化的服务和提高控制感等 3 个方面提升顾客的经济价值（Kimmy，2010）。在奖励旅游的共同创造中，我们访谈发现提高产品性价比、降低服务风险是顾客积极参与共同创造的主要动因。这与之前的研究一致：价值共创共同创造与经济价值显著正相关。进一步的研究发现，价值共创共同生产对顾客价值的影响并不局限于经济价值，还包括关系价值和体验价值等（Sharma，1999；Claycomb，2001；Dabhdkar，2002；Smith，2007）

访谈发现价值共创共同创造对顾客价值具有提升作用。一方面表现在功能性价值上，如旅游产品质量提高了，更好地满足了本单位的个性化需求，员工旅游后反应好等。另一方面则表现在象征价值上，主要体现在企业文化上，增强了团队凝聚力，传达甚至提升了企业文化。

当然价值共创除了增加以上收益外，同时也增加了顾客的成本付出，包括时间、精力和经费等。但由于顾客动机的影响，这些实际成本的增加未必会造成顾客感知成本的增加。在访谈中发现，基于独特性体验的价值共创虽然同样投入了大量的时间、精力和经费等，但此时这些付出在顾客感知的角度已经不是成本，而成了一种体验，导致体验价值的提升，同时对感知成本变弱，因此在降低顾客对参与感知成本的同时提升了顾客的体验价值和经济价值，是正向影响，如前述船长晚宴的案例。因此价值共创对顾客价值的影响还可以通过降低感知成本的路径实现。

综上，通过访谈发现奖励旅游中客户企业对价值的感知来源于功能价值和象征价值的收益与感知成本的平衡。价值共创对顾客价值具有提升作用，这种提升作用通过增加以上收益实现，同时由于独特性需求等顾客内在因素的影响，价值共创对顾客价值的影响还可以通过降低感知成本的路径实现。

第四章　奖励旅游的仪式特征与企业的独特性需求

与普通旅游产品不同，奖励旅游具有生产性服务功能。如何在奖励旅游中塑造和传播企业文化，增强团队凝聚力是采用奖励旅游的组织顾客非常关注的事情。本章借助仪式理论，采用内容分析法对奖励旅游分析发现，在奖励旅游中，蕴含了显著的角色意识、文化表演和符号象征，通过赋予并强化企业成员的角色意识和角色职责，充满娱乐性和文化性的表演，以及具有显著象征意义的符号系统，向参与奖励旅游的企业员工传播企业的思维方式和行为规范，促使企业成员接受企业的话语体系，从而认同企业文化与企业价值观，提高企业的运作效率。

通过旅游“精神充电”可提高员工的工作积极性，通过“家文化”可提高团队凝聚力，通过“集体意识”与“地位和实力”的展演可传达和塑造企业文化，在奖励旅游中营造“精神充电”“家文化”“集体意识”与“地位和实力”的象征性符号消费这些仪式特征，是增强奖励旅游生产性的有效方法。

同时，对奖励旅游的内容分析发现，仪式是一个重要的文化载体，企业通过以上仪式特征的应用，将组织的价值观等生动地传达给员工，从而塑造了自己独特的身份，表达了公司体现个性、追求“与众不同”的唯一性的特征，逐渐形成一种特殊的文化资本，成为企业特殊的“身份标识”，具有了独特性需求。可见，与个体消费者一样，组织顾客也具有独特性需求，与个体消费者不同的是，消费者的独特性需求表达的是消费者的个人人格，而组织顾客的独特性需求表达的是围绕着企业文化的组织个性，这不仅深化和丰富了对独特性需求和组织顾客需求的认识，同时为组织顾客的测量提供了思路和理论基础。

作为大众传播研究的基本方法之一，内容分析法（Content Analysis）主要是分析信息内容的一种系统方法，是研究者根据研究目的，选择某时某地的传播产品，对其传播内容进行客观化、系统化和数量化的描述。其中，确定分析信息内容的范畴是关键步骤之一（艾尔·巴比，2002）。内容分析法能回答关于内容的研究问题，它有两个主要研究目的：一是对传播进行描述，二是对传播的意义进行推论。在传播研究中，对内容的简单描述也有它的地位。同时，内容分析法在与其他研究策略联合使用时，也很有价值。内容分析法能够应用于容易获得的材料，并成为研究项目的早期阶段不可缺少的部分。为了从内容中推断出有关内容消费的后果，研究者必须在理论指引下进行。

目前，内容分析法的应用已不局限于传播学，社会学、管理学中也有不少学者使用内容分析的方法进行研究。虽然网络资料不是常规的学术研究的资料来源，但随着网络在现代生活中的普及，网络资料作为“显性材料”也开始被应用于学术研究。如香港城市大学的杨志林教授通过对网络上发布的740条顾客评论进行内容分析，研究在线服务质量与顾客满意的关系（Zhilin Yang，2004）。苗学玲通过在网络上收集的1个主题为“结伴而行还是独自上路”的讨论串和12位自助游虚拟社区会员的访谈稿、结伴帖子以及游记，对互联网平台上的结伴出游现象进行了分析（苗学玲、保继刚，2007）。班建武在对青少年符号消费进行分析和解读，探寻构成青少年符号消费这一文本的所指世界、能指空间以及内涵意义时，也使用网络搜集青少年对产品使用的评论资料进行内容分析（班建武，2010）。

在本项研究中，在仪式理论指导下从网络上搜集奖励旅游的举办企业的相关报告、参加奖励旅游的旅游者的游记以及其他相关人员（包括奖励旅游企业中未能参加奖励旅游的员工、社会公众）的评论等进行内容分析，旨在分析奖励旅游的象征性符号行为反映的组织顾客的独特性需求。

本研究通过百度用“奖励旅游”和“公司旅游”进行搜索，从网络上共收集奖励旅游组织单位发布的奖励旅游相关报道100篇、奖励旅游游记50篇，以及论坛中发布的以奖励旅游为主题的3个讨论串进行内容分析，样本的具体分布见表 4-1，具体网址见附录。

表 4-1 内容分析样本分布图

类别	文本来源	样本数
第一类：奖励旅游组织单位发布的奖励旅游相关报道	各企业网站发布的奖励旅游报道 各事业单位网站通过互联网发布的奖励旅游报道	71 篇 29 篇
第二类：奖励旅游游记	企业网站和博客发布的奖励旅游游记及访客评论	50 篇
第三类：奖励旅游的主题讨论	论坛中发布的奖励旅游的相关主题讨论	3 个主题串

4.1 奖励旅游的仪式象征系统

“精神充电”“家文化”“集体意识”与“地位和实力”的展演构成了奖励旅游的仪式象征系统。

4.1.1 精神充电功能

在现代社会，由于社会分工的缘故，个人的活动相对单一，是程式化的。人们在日常生活中保持按部就班的节奏，这种日常生活中的程式成为社会及组织系统良性运行的微观基础。人们在日常生活和工作中的程式化增加了行为的可预见性，减少了不确定性和相应的对不确定性的焦虑感，增强了社会活动的合作。用吉登斯的话说，程式构成了人们的本体保障（Giddens，1984）。但没有任何一个人能够在全然可以预见的世界中精神正常地生活。总有些时候，一个人会对日常生活中所见到的有条不紊的常规和单一性感到厌倦，并带来感知钝化和无意义感等负面后果。“身陷常规之网”的人们一旦厌倦到一定程度，他就需要新奇和变化来抵消由厌倦造成的心理紧张。显然旅游为寻求摆脱厌倦的人们提供了一种较为理想的刺激，它使人们得以变换环境、改变生活节奏，使生活丰富多彩（孙喜林，2009）。旅游动机产生于暂时解脱日常程式所带来的负面体验的需要。通过出游，人们与日常程式拉开了距离，既暂时忘却日常程式的负面体验，又在异地体验不同寻常的环境与节奏。用社会学家杜马兹迪的话说，以工作为中心的、很大程度上可以预见的日常生活是第一现实，旅游是可以让人们躲进第二现实的游戏。在以游戏为中心并缺乏可预见性的旅游这个“第二现实”里，人们既可以躲避“单调的紧张”的压力，同时给人以更多的想象的自由空间和现实的自由空间。旅游完成了人们逃避和寻求刺激的双重任务。因此，旅游体验既是日常程式体验的更换，也是日常程式体验的补偿。日常程式体验之所以变得可以令人容忍，正是因为这种补偿体验或对比体验的存在。克里朋多夫认为，旅游既是一种现代精神治疗，也是一种现代充电器，它使在工业社会中耗尽能量的人们通过旅游体验，与不同于日常的旅游吸引物接触，人们得到精神充电（Krippendorf，1987），从而得以顺利回归日常程式化生活。从以下网友的描述体现了旅游的这种精神充电的功能：

大多数时候，我们都是陷于埋头苦干、忙碌工作的状态，很难停下来，也很难跳出按部就班的生活。不过，还好有旅游的机会，能让我们放下手头的一切，走出去看看外面的世界，感受不一样的生活。

很多时候，旅游本身也会很辛苦，遥远的路途、长时间的舟车劳顿、饮食上的不适应等，可能会让身体比工作时还要辛苦，但在旅游的过程中，我们的心灵却是处于放松、满足、充实的状态。

旅游是开阔眼界、感悟生活的最好方式。一次丰富、愉快的旅行，使我们看事物的眼界和心情可能都会不同。这也是很多人愿意选择以旅游的方式来缓解压力、忘记烦恼、奖励自己的原因。

资料来源：http://travel.ifeng.com/news/china/detail_2011_05/18/6474912_0.shtml

这种从日常程式体验到旅游体验，然后再回归日常程式体验的过程，可以叫做体验循环。在当代社会，社会系统的正常运行，越来越离不开“体验循环”的作用。因此，表面看来，旅游是一种细小、琐碎的活动，其实旅游对社会良性运作发挥了重要功能（王宁等，2008）。

旅游的这种精神充电的效用构成奖励旅游激励功能的基础，是企业举办奖励旅游的主要功能收益。忙碌工作之余的旅游，成为调整压力之后再出发的动力。

从奖励旅游的报道来看，全部100多篇报道均体现了奖励旅游精神充电的功能和化压力为动力的功能收益。报道中，大多用“在纵情山水间，大家暂时忘却了工作的紧张，尽情享受旅游的欢乐和愉悦”，“放松心情”，“缓解了员工们平时的工作压力和紧张情绪”，“大家工作上的紧张压力也全被这美丽、好玩的山水风景给化解”，“旅游结束后，大家的精神面貌焕然一新，纷纷表示一定要以更充沛的精力、高效率全心全意地投入到本职工作中去”等语句直接体现了奖励旅游的精神充电功能。

另外一些报道则比较间接地表明了这一功能。如南光实业有限公司的旅游报道中虽未出现以上直接的描述，但通过“员工们在优美自然的环境下轻松愉快地度过了欢声笑语的一天”间接地写出了旅游的精神充电的功能。再如引航石油化工有限公司报道中的“大家探古寻幽、踏浪戏水、亲近自然、尽享欢乐，在短暂的旅游休闲时光里体验了别样的生活，一路留下无数欢歌笑语”“员工们都玩得很开心和刺激”等话语间接刻画出旅游作为“第二现实”与平时压力巨大、单调的生活的对比和补偿。通过与自然界短暂的零距离接触，弥补了现代社会环境“去自然化”的后果，可以消除人们在日常工作和生活中所积累起来的对工业化和现代性的不满，因此成为一种再适应活动（王宁，1999）。旅游，其实是为了更好地归来，并“以更充沛的精力、高效率全心全意地投入到本职工作中去”。

4.1.2“自家人”文化的传达与塑造

熟人社会在中国社会里是一个典型的文化现象。20世纪费孝通首次提出这一概念，认为中国传统社会是一个熟人社会，其特点是人与人之间有着一种私人关系，人与人通过这种关系联系起来，构成一张张关系网，人熟是一宝。民间“熟人好办事”的说法，正是对熟人社会的一种朴素表达。在熟人社会里办事大多凭人与人之间的关系生熟程度和感情深浅程度。罗家德（2012）根据费孝通的“差序格局”和杨国枢的中国社会关系分类，提出将中国人的关系从内而外分为家人/拟似家人—熟人—认识之人—陌生人的圈层，越往内，情感关系越紧密。工作场域的小圈子，只包括上述中的拟似家人和熟人圈层的强连带。在拟似家人和熟人圈层，适用人情交换法则，人们相互间建立起人情交换、互惠交换和长期承诺关系，处于强连带中的拟似家人和熟人被视为“自家人”。

在奖励旅游的报道中，除了对目的地风光的描述外，对参与者之间的交流的描述占据了较大篇幅，这说明旅游为大家提供的非正式交流的机会是非常重要的一部分。在旅游这种比较放松的情景中，参加奖励旅游的人员拥有了一个比较特别的接触机会，大家摆脱了日常生活和工作中的身份、地位和职位等，可以了解到同事或领导工作之外的另一面，并为参与人员提供情感互动的机会，有助于“打破彼此间的隔阂，加强沟通和了解，拉进彼此的距离”，从而在员工、管理者和企业客户间创造一种亲人或朋友式的交流氛围，进而改变平常在组织中“公对公”的交流模式，进入熟人的小圈子，甚至成为一家人，从而“增强团体的凝聚力和向心力”，“增加员工的归属感”。如下面这段奖励旅游的游记就表明了奖励旅游非正式交流在拉进距离、成为熟人或一家人方面的效用。

首先是关于企业文化有奖问答，诱人的奖品引得同事个个争先恐后，接下来的创意生日祝福更是让我们领略到了同事的奇思妙想，有的组为同事献上搞怪的生日祝福歌，有的则是拿普通的东西送上温馨的祝福。最精彩的就是员工走秀了，有个人秀，还有男女搭配秀。没想到除了在办公室埋头苦干外，我们的同事还有别样风采！此次活动让我们战胜了心理的恐惧，身心得到了放松，同时也拉近了同事间的距离。

资料来源：http://www.ecschina.com/yuekan-38/page41.html

“义”和“报”是中国熟人社会的行为准则。“义”是要求一个人不求回报地为熟人圈子内的人提供帮助。“报”是指“还人情”，是接收帮助的人被期望的责任（罗家德，2012）。在奖励旅游的报道中，我们可以看到“领导的关怀下”“领导亲自率领”“领导的大力支持”和“在各级领导的关心重视下”等词语频繁出现，相对应的在员工层面产生了“回报企业关怀”“感受到了领导的关爱”“旅游让我们感受到家的温暖”等感受，领导与员工双方面以“报”共同勾勒出家庭中家长的关爱，让员工感受到企业家庭般的温暖的场景。巨星集团的奖励旅游报告中的一段文字比较具有代表性，清晰地刻画出领导关怀在奖励旅游家文化营造中的作用：

公司张国祥董事长、张铮总裁为了能让大家有一个舒适安逸的旅程，不仅对住宿、旅游车等作了特别的安排，还每天对旅游餐进行加菜，在每个细节上都体现了公司领导对员工的关怀与爱护，让员工真真切切感受到公司这个大家庭的温暖。

资料来源：http://juxingzj.com/2n.asp?id=196

我们可以看到许多企业特别注重奖励旅游中传达和塑造“自家人文化”。从下面无限极公司的员工奖励旅游游记里我们发现，游记里没有出现同事或员工等字眼，对同行的同事直接称“伙伴”，字里行间透出亲朋般的氛围。同时公司通过特别准备驱寒姜汤等细节向员工传达家一样的温暖。

在这里，我们不仅参观了园内克雷特酒窖，公司还专门为伙伴安排了别具特色的品酒会，伙伴们品尝着各式葡萄酒，吃着当地特色的小点心，三五成群闲聊，随音乐跳跳舞，呼吸着葡萄园纯净的空气，领略西方的酒文化，大家频频举杯，为能够相聚在异国他乡干杯！

由于考虑到桌山的气温比较寒冷，中午就餐时，公司特别为伙伴们精心准备了可乐姜汤来驱寒。伙伴们喝着姜汤，不禁发自内心地说：“公司想的真是太周到了，这里的姜可不容易像国内随处能买到，真是好温暖，让人好感动。”

资料来源：http://www.infinitus.com.cn/2011/1110/3568.html

4.1.3 集体意识的展演

迪尔凯姆认为集体意识是一种共享的情感，社会中的人具有这种集体意识，觉得与其他人同属于一个共同体。他应该按照共同体的要求行事，同时，这样做也是自己的义务。迪尔凯姆说，当许多人将他们的注意力集中到某个特定的对象上时，他们产生了共同的情感和思想。这种情感和思想产生于个人，但经过群体的交流和沟通之后，产生了一种超越个人的力量，脱离了个人自身，不依赖于任何特定的个人。这种共同持有的观念形成了他们自己的世界，一个有关道德标准的世界，发挥着整合社会的功能（王胜利等，2009）。企业就是一个小社会，集体意识对企业整合发挥着重要的作用，因此，在奖励旅游中，我们可以看到集体意识通过各种展演仪式被一次次地强化并得到延续，使企业抽象的价值观得以生动体现并保持活力。以下两位网友关于奖励旅游对集体意识强化的讨论比较具有代表性。

妮妮：公司一年至少要有两次的集体出游，可以加强团队建设、增进员工之间的团队精神。

涵涵宝贝：支持妮妮的观点，集体旅游对团队建设是很有好处的，我（HR 经理）已经体会到了。

“拍摄集体照”是其中最常用的一种展演方式，有的企业还专门为拍摄集体照准备了主题横幅等道具，强化群体资格和共同目标。

其次，充满参与性、娱乐性和文化性的集体活动也是企业通常采用的方式。如从下面一段游记中可以看到在与同事共同登山的过程中，伙伴们互相帮助、互相鼓励，“团队的力量”得到复活。除了爬山漂流户外拓展等参与性强需要集体协作的活动外，企业还常常在奖励旅游中举办自行车赛、球赛等竞技性的体育活动。

10 月 14 日，我和我们团队来到黄山脚下，仰望着云雾缭绕的山峰，我的兴致很高，满怀豪情与壮志，真想提前看看美丽的风景。或许还能体会一下杜甫那“会当凌绝顶，一览众山小”的感慨。或许是走得太急，没有注意到体力的调整和步伐的节奏，刚过十几分钟登了几百个台阶，我的腿就像是灌了铅似的，每走一大步腿都很酸，回头看看我的朋友们，他们都在微笑，一个个都气喘嘘嘘的，头上汗水、脸上欢笑和美丽景色汇成一幅美丽的风景画。刚开始登山是很累的，但是，只要坚持下去，让身体慢慢地适应，感觉还是不错的。我们可是有经验的。一路上我反复地告诉自己，告诉伙伴们一定要坚持登到山顶。终于在团队互帮互助下我登上了顶峰，这使我深深感受到团队精神，团队的力量是无限的。

资料来源：http://lvyou.baidu.com/notes/view/9b0b43347fbd61e899e2d324

在集体活动中，如果加入为企业量身定制的个性化元素则能正向加强参与者的体验和感悟。如下面两段无限极奖励旅游中以“在驼鸟蛋上写梦想”和“以车为单位在果园里比赛找带有无限极标志的芒果”为主题的个性化活动，将共创梦想和合作共享的无限极集体意识生动地植入全体旅游者的心里。

在鸵鸟园，我们享受着喂食鸵鸟的悠闲。在这儿，公司特意为伙伴们安排了一次别开生面的艺术大创作（DIY）活动。伙伴们纷纷将自己的梦想画在世界上最大最硬的鸵鸟蛋上，更有伙伴们在鸵鸟蛋上写下自己的愿望和目标：“在异域他乡，我们亲身感受到梦想的力量，只要坚持梦想，在无限极平台上，未来一定能硕果累累。”

资料来源：http://www.infinitus.com.cn/2011/1110/3568.html

4~6 月是盛产水果的季节。下午，我们深入水果园腹地，呼吸着瓜果飘香的芬芳，尽情品尝这里的热带水果。

在水果园中，公司精心安排了一项互动游戏，在规定的几棵芒果树上，以车为单位进行比赛，找带有无限极标志的芒果，哪一队用的时间最短，哪一队获胜。还没等回过神，一位伙伴已经找到，整车伙伴兴奋地欢呼雀跃起来。游戏，拉近了彼此之间的距离，增进了彼此的友谊。在异国他乡，感受参与合作的力量，感悟无限极事业的魅力，伙伴们的心灵一次又一次得到升华。

资料来源：http://www.infinitus.com.cn/2011/0509/2790.html

在各种集体活动中，为企业量身定制的晚会往往成为奖励旅游记忆中的高潮。下面一段文字中，无限极华彩之旅中为无限极团友量身定制的童话晚宴无疑成为一场文化的盛宴：童话中的演员与团友们合影，并奉上亲笔签名的童话限量版的丹麦蓝罐曲奇作为礼物；丹麦旅游事务的北欧旅游局（斯堪的纳维亚旅游局）局长在晚会上发言；哥本哈根著名乐队 AFTER HOURS 在晚会上动人地歌唱；童话晚宴结束时大家合唱《走进无限极》。这些都将无限极“客企一体，追求梦想”的价值观深深地刻在每一个员工的脑海里。

下午，16 辆马车在酒店旁边一字排开，一个让伙伴们激动的时刻即将来临了，大家将搭乘这 16 辆马车参加华彩之旅的童话之夜晚宴！

抵达晚宴现场，伙伴们还没有从搭乘豪华马车的喜悦中回过神来，新的惊喜又不期而至——公司特别邀请的丹麦安徒生童话表演剧团的演员们，早已在现场欢迎大家的到来。看！有卖火柴的小女孩，有小美人鱼，还有豌豆公主……那位头戴礼帽、手捧书籍的先生，不正是安徒生么？看着童话中那些可爱的角色一一出现在眼前，伙伴们顿时无比兴奋，纷纷拉着演员们合影留念，定格了一个个难忘的瞬间。

惊喜还远不止于此。晚宴上，安徒生童话表演剧团的演员们为伙伴们带来了精彩的童话故事表演，并为大家奉上了亲笔签名的童话限量版丹麦蓝罐曲奇。手捧包装精美的蓝罐曲奇，看着舞台上生动演绎的那些童话故事：卖火柴的小女孩、皇帝的新衣、拇指姑娘……伙伴心中洋溢着无比的喜悦与自豪。负责挪威、丹麦旅游事务的北欧旅游局（斯堪的纳维亚旅游局）局长弗莱明先生更亲临晚宴现场，为伙伴们带来了亲切的问候：“我知道无限极的梦想是‘中国第一，世界第一’。我也相信在不久的将来，我在丹麦会用到无限极的产品！”弗莱明先生的鼓励，更是激发了伙伴们将事业做大做强，冲出国门、走向世界的信心与决心。

伴随着哥本哈根著名乐队 AFTER HOURS 的动人歌声，伙伴们手拉手跳起了舞蹈，尽情地舒发心中的喜悦。在全场齐声高唱《走进无限极》的歌声中，这个令人难忘的童话之夜徐徐落下了帷幕……

资料来源：http://www.infinitus.com.cn/2011/0823/3297.html

4.1.4 企业实力和地位的展演

奖励旅游成为员工和公众感知企业实力的一种途径。一个能成功举办会奖旅游的企业给公众的印象必然是内部运营良好、利润丰厚、赏罚分明和管理出色。下面这段对话形象地表述出通过奖励旅游传达的良好的企业形象，有可能增加企业对于各领域人才的吸引力，增强企业在招募人员时的议价筹码。在无限极网站奖励旅游游记下，郑燕珠、邓智梅、史佳敏和刘燕平发表的评论中也可以看出奖励旅游在企业员工心目中成为企业形象正向传播的途径。

百合 6883513：我们从来没有过，垃圾单位。

花籽：小气的老板，哪有旅游啊？！

sammi_666：从没有在公司出费用的情况下去旅游过，看来楼上都是待在好企业，叹息啊！

丫丫妈妈 166：今天中午下楼吃饭挤电梯，楼上不晓得是哪个公司的和我们一起下楼。然后他们在电梯里头扯开了，说他们公司正在计划年终员工集体出游的事情。目的地是普吉岛啊！他们说得口水翻翻的，我听得羡慕嫉妒恨！恨不得马上冲到楼上去问，亲！你们公司还招人么？

邓智梅：我太幸福了!未来我们天天都可以过着这样的华彩（无限极华彩之旅奖励旅游）有惊喜的日子!相信我是最棒的!相信公司是最棒的!

史佳敏：选择无限极真的好幸运，出国旅游的感觉真好，这辈子没有白活，无限极——今生无悔的选择!

刘燕平：这次希望之旅使我受益匪浅，让我开阔了眼界、增长了见识；让我吃到了许多从未吃过的水果、饭菜，饱了口福；让我住在了五星级的宾馆，使我舒心自在、遐想联翩；公司员工以及导游们无微不至的关心与照顾，使我感受到家人的亲切与温暖；与伙伴们快乐、开心的游玩让我忘记了年龄。这一切的美好都是无限极给的，它的实力让我们有目共睹。我爱你，无限极；感谢你，无限极；我愿一生追随你。我要继续加倍努力，力争年年带领更多的伙伴走出国门，去领略异国的风土人情、自然美景。啊，我是世上最幸福的人、最完美的女人，因为我选择了无限极事业。

资料来源：http://www.infinitus.com.cn/2011/0823/3287.html

意识到奖励旅游在企业形象传播中的重要作用，许多企业不遗余力地在奖励旅游中通过多种方式让员工体验尊贵感，真切地感受企业实力，唤醒和增强其集体荣誉感。采用的方式可以是为企业量身定制尊贵的童话晚宴这类企业特有的不同寻常的礼遇，也可以是下面两段无限极奖励旅游中所采用的让员工入住最豪华的酒店、乘坐直升飞机等员工自己掏钱不舍得享受的尊贵。

在开普敦，我们入住当地最豪华的五星级酒店——Table Bay（海湾酒店），这一酒店曾接待过许多知名人士，包括我们的国家领导人。当车子慢慢驶入酒店时，伙伴不约而同地发出感叹：“好漂亮的酒店呀！”Table Bay的总经理已亲自在门口迎接我们的到来，并为我们准备好当地的饮料和唱诗班，细致的礼遇让伙伴体会到了不一样的尊贵……

入住南非最豪华、知名度最高的度假村——太阳城。太阳城是南非亿万富翁梭尔·科斯纳的一个梦想。科斯纳在20世纪70年代中期就开始构思，希望能够在非洲丛林内，建造一个如美国拉斯维加斯般的豪华娱乐区。“梦想如果没有行动，永远都不会伟大。”科斯纳的这个浩大计划，终在1978年7月动工，1979年12月7日正式开幕。科斯纳的梦想，锻造出太阳城这样一个旷世的传奇。太阳城开幕后引起轰动，世界游客蜂拥而至，成为游客心中永远的梦。今晚，我们就在这迷人的皇宫大酒店休息，享受着无限极特有的尊贵与礼遇。明天，我们的行程再继续，更多精彩与惊奇在等着我们。

资料来源：http://www.infinitus.com.cn/2011/1110/3568.html

今天，注定被大家永远铭记——伙伴们将乘坐直升飞机俯瞰壮美的哈当格峡湾。尽管早有心理准备，尽管昨天已在前往五大家族酒店的途中领略了峡湾之美，但当真正从高空中俯瞰挪威闻名于世的峡湾风光时，伙伴们还是被震撼了——上帝需要怎样的一双巧手，才能绘出一幅如此精美绝伦的写意山水啊！只见连绵起伏的高崖刺破天穹，壁立千仞。云卷云舒，萦绕翻飞，为其坚毅的躯干披上了一层迷蒙纱衣。山巅，零星点缀着未融的积雪和清冽的湖泊，雪白的岩层，尽显刚毅本色；山腰，大片呈墨绿色的针叶林蓬勃生长，棵棵挺拔，株株劲秀；山脚，草绿、浅黄的色块交错铺陈，各种颜色的尖角木屋三五点缀其中，一条玉带似的盘山公路蜿蜒起伏，逐渐消失于绿树、花丛间……大片大片如蓝丝绒般轻柔、温婉的静水，将高崖阻隔分离，直插内陆，宁静、悠远。依浅蓝、宝蓝、深蓝逐渐过渡的水面，波平如镜，几艘游船划过，泛起点点涟漪。云霞蒸腾，覆盖其上，与水体和谐、巧妙地融为一体，浑然天成……

当此美景，伙伴们被深深地陶醉了。大家不禁为公司用心、巧妙的安排而感动不已，更为自己因一个最初的梦想、一份执着的坚持而换来的今天的写意人生而感慨万分，同时也愈发坚定了内心的信念，放大了梦想。高级业务总监杨辉分享到："感谢公司尽心、周到的安排，让我们有了第一次乘坐直升飞机的体验。风景虽然还是一样的风景，但坐在直升飞机上，有了更高的高度，所看到的世界也就有了不一样的角度，心里的感觉也不一样了！我们都想像坐直升机那样，升得更高、更快，继续挑战，不断超越过去的自己！"

资料来源：http://www.infinitus.com.cn/2011/0820/3286.html

彼特·瑞西（Peter，1992）等人的研究也表明奖励旅游中这种带有炫耀色彩的活动可满足员工的自我实现需求，强化其个体认同感与荣誉感，能激发更高的工作目标。同时，奖励旅游不仅可以让企业内的员工真切地感受企业实力，还具有对外功能。可以成为企业的一次市场宣传活动，通过多种手段向外界的客户和大众展示整个企业团队的实力和地位，树立企业形象，使公众和客户认同企业文化理念和治理水准。采取的方式多种多样，除了前述案例中的手段之外，还可以是在一架奖励旅游的包机座位上印上醒目的企业标志、饮用印有醒目企业标志的专用矿泉水、包场某一有名的旅游景点和媒体报道等细节。下面这段游记中路人的纷纷驻足，导游对团队尊贵礼遇的惊叹以及当地丹麦人的主动问候都展示了奖励旅游对外展示企业形象和地位的功能。

为了这个童话之夜，伙伴们早早就做好了准备，大家都穿上了最华美的衣服，有序地登上了豪华的马车。随着车夫一声令下，16 辆马车浩浩荡荡穿过哥本哈根市区，向着晚宴现场——美人鱼餐厅进发。如此壮观的阵势，也引得道路两旁的行人纷纷驻足，向着伙伴们竖起大拇指，友好地打起了招呼："Hello！"就连随车的中国导游都开心地分享："我来丹麦做导游 5 年了，从来没见过哪一个团享受过这样尊贵的待遇！而且，我刚才听到有丹麦人主动说：'中国人，欢迎你们！'正是你们优雅的着装和举止，才让他们发出这样的感慨。身为中国人，我觉得很骄傲！"

资料来源：http://www.infinitus.com.cn/2011/0823/3297.html

4.2 奖励旅游仪式的中心：企业文化

奖励旅游通过以上一系列象征性的符号行为而成为一种塑造和传播企业文化的仪式。

仪式作为一个分析性专门术语出现在 19 世纪，早期仪式研究主要集中于宗教范畴，随着人类社会文化的发展，仪式在日常生活中穿透力极强，其疆界日益突破了传统的宗教范畴，与此同时，仪式研究也有一个明显的从宗教到社会的变化轨迹，开始注重仪式在社会生活中各个方面的表现及作用。关于仪式有很多种定义，一般而言，在界定仪式的含义时有两种取向。一种是狭义的仪式概念，其把仪式限制在宗教领域并将其界定为一种超自然的现象。另一类是广义的仪式概念，其将任何标准化的人类行为都界定为仪式。这两种含义处于仪式概念连续谱的两端，要么过于狭隘，要么过于宽泛。在这里我们将主要使用卢克斯（Steven Lukes）的仪式概念。他认为仪式是指受规则支配的象征性活动，它使参加者注意他们认为有特殊意义的思想和感情对象。

在现代企业组织中，运用有效的传播方式来规范员工的行为、塑造和传播企业文化、强化员工的归属感，以提高企业凝聚力和运作效率，已经成为越来越多管理者的共识（朱知，2010）。企业文化的传播与沟通主要通过 3 个层面来实现：象征体系、员工行为规范和公司品牌。象征体系是指各种有意义的符号，它们除了表面意义之外，还能传递复杂的思想内容。企业常用的象征，既有具体的实物形式的象征，也有十分抽象的表现形式的象征，两者之间还有许多过渡形式，其中纯语言象征和象征性行动尤其重要。象征性行动是指企业的礼俗、礼仪和庆典仪式等，它们具有证实企业特有的价值观念和行为准则的特性（陈春花，2002）。

企业组织中形成人们态度的信息依赖于组织传播中的人际线索和活动线索，仪式文化作为企业组织传播中的象征性标志，以集体行为的结构化和稳定的模式特征使企业组织传播活动惯例化，其过程中蕴含的极其丰富的信息与线索，为组织提供了生动的情境氛围。通过对企业仪式文化的参与和理解，既可以规范员工的行为，确定企业组织的注意力投向，明确企业组织的优先权，又能内化为组织传播活动的无意识前提，从而使仪式文化作为组织意识形态的体现而得到颂扬和支持（刑鸿飞，2007）。特伦斯·迪尔和艾伦·肯尼迪在《企业文化：企业生活中的礼仪与仪式》一书中指出：企业仪式是企业根据自身文化，按照一定的标准和程序进行的一整套行为方式。仪式体系本身就是企业文化一种体现，它既是对组织文化的有效传播，又对员工的行为起到了规范作用。通过对美国许多著名企业的研究发现，一贯有着出色表现的强文化企业都有着生动鲜明的价值信念，且这些信念通过企业仪式得到传播和强化，从而确保了企业文化的持续活力，激发了员工的忠诚，最终提高了生产效率（特伦斯·迪尔和艾伦·肯尼迪，2008）。

在奖励旅游中，蕴含了显著的角色意识、文化表演和符号象征，通过赋予并强化企业成员的角色意识和角色职责，充满娱乐性和文化性的表演，以及具有显著象征意义的符号系统，向参与奖励旅游的企业员工传播企业的思维方式和行为规范，促使企业成员接受企业的话语体系，从而认同企业文化与企业价值观，提高企业的运作效率。奖励旅游仪式的中心是企业文化。“家文化”也好，集体意识与地位展现也好，都在强调着组织的精神以及企业价值的认同和接受，仪式中的各种细节也在影响着员工的行动。当员工感受到奖励旅游仪式文化中的象征性信息时，就会在行动上对这些信息做出回应。通过这种仪式，抽象的企业文化变为生动的具体事实被人们感知，传达和强化了企业的核心价值，强化了组织员工的主体意识，激发了组织员工的凝聚力，同时这种在仪式过程中产生的认同感，使他们明白今后的努力方向和行为准则。而对组织本身来说，员工通过对组织的归属感和荣誉感，强化了组织的威信，形成组织内部团结互助的“一家人”氛围，组织发展的目标也就更易于实现。因此，成为企业仪式的奖励旅游，其作为组织传播的特殊话语和知识载体，对内成为一种极易获得的形式让员工从既往经验中获得参考信息，全体员工通过仪式文化认同企业价值观，产生巨大的精神力量；对外也成为企业形象和文化传播的窗口。综上所述，除了“精神充电”外，奖励旅游的其他象征意义均与企业文化相关，因此，作为企业仪式的奖励旅游，其一系列象征性的符号行为都围绕着塑造和传播企业文化而展开，企业文化是奖励旅游象征性符号行为产生的源头。

4.3 仪式、组织人格和独特性需求

独特性需求（Need For Uniqueness）的概念源于斯奈德和弗罗姆金，指的是尽管个体需要遵守大众化的社会规范以避免冲突，并赢得他人的认可、赞同和奖赏，但每个人都有体现个性和追求差异的愿望。

每个人都会在某种程度上渴求唯一性，而这种“唯一性”可通过人们的消费行为体现出来，是个体的一种稳定的心理特质（陈阳，2005）。

由于组织具有与个体人格相类似的能被外界感知的个性特征，即组织人格（Slaughter，2004），因此本书将独特性需求这一个体心理特质引入到组织行为中，提出组织也具有独特性需求。以下将以奖励旅游为例，从仪式的视角对组织顾客的独特性需求进行分析。

旅游是现代社会的一项重要的消费。消费在其最初的含义里面，主要指物品被用尽。因而人们总是认为消费之于生产是第二性的，是市场生产活动的终结。经济学视野中的消费者被假设为“理性人”或“经济人”。实际上，作为社会关系中的人，不仅具有理性算计的一面，还有情绪、情感等非理性的感性诉求，因此消费本身还具有文化内涵和社会意义。从社会学和文化学的角度看消费问题，强调的是消费本身的符号象征意义。商品的符号价值不同于其使用价值和交换价值的核心在于，使用价值属于物的自然属性范畴，交换价值属于物的经济价值，而符号价值则反映的是物的社会意义及其文化属性，其功能就在于通过消费显现消费者的经济地位、政治地位、文化地位等阶级或阶层差别，以及对表达风格、品位等象征意义的满足。因此，符号消费最大的特征就在于其表征性和象征性，即通过对商品的消费来表现个性、品味、社会地位和社会认同（班建武，2010）。

组织具有与个体人格相类似的能被外界感知的个性特征，即组织人格。组织人格的提法早已有之，早在1971年汤姆就研究发现，有个性的组织对求职者更具吸引力。希等人提出，组织人格可以被看作是组织行为和智力特征的总和。

斯劳特及其同事将组织人格定义为组织具有的与个体人格相类似的能被外界感知的个性特征。同时，斯劳特也指出，组织人格与个体人格是两件不同的事情，并通过研究证实了通常用来对于个体人格进行测量的工具并不适用于对组织人格进行测量（Slaughter，2004）。由此可见，国外学者都认同组织与个人相类似，具有人格，但同时也都认为组织人格与个体人格是不一样的。国内只有少量文献从组织心理学和组织行为学角度对组织人格进行过类似的描述。刘立君和朱学强提出企业和人一样，也有各自不同的性格和特征，这种特征是一个企业存在的基础。提出企业管理细节是形成企业人格的基础，企业是在不经意间逐渐形成了其独有的特性，并最终发展成为企业人格。这些鲜明的特性就是区分企业的标志，也是决定一个企业能否长远发展的关键因素。徐耀强认为，每一个企业都具有两重人格：一是它的法律人格，二是它的文化人格。企业的文化人格是企业中人的性格、气质、道德和能力在企业活动中的发育、展开和反映。对组织的感知，这中间包含了外界对组织文化的感知，或者说组织人格一定程度上是组织文化的外显性表达，对组织人格的管理应与发展和传递组织文化联系起来（罗霞，2009）。

当批评家对拿破仑再次设置纯粹象征性的、毫无实用价值的荣誉勋章进行强烈抨击时，他却回答："你得用一些小玩意儿来鼓励你的人，而不是只说空话。"这听起来有点冷嘲热讽的话却提示了人类的真实本性，即成就需要得到认可。反过来，这种认可又会鼓励人们去取得更大的成就。和拿破仑的军队一样，要想使一种企业文化及其体现的价值观繁荣昌盛，就必须举行一些仪式和庆典活动。大内在《Z 理论——美国企业界怎样迎接日本的挑战》一书指出，企业文化是一套象征、仪式和神话，它能够把公司价值观和信念传输给雇员们（Ouchi，1981）。奖励旅游中的仪式有的看上去普普通通（如拍摄集体照等），有的则华丽得像一个盛大的节日（如无限极在丹麦举办的童话宴会），融入其中的象征性的符号集中体现了特定的组织价值，传递着组织所追求的精神。向大众和员工提供"企业"这一抽象实体的表象符号，以灌输一种"企业"概念，从而加强人们对"企业"这一集体的认同感与归属感。无论是象征"家文化"的非正式交流与领导关怀等细节，还是象征"集体意识"的各项活动，以及象征企业地位和实力的定制化尊贵等，都是为了唤醒和激发潜藏在人们内心深处的对企业的情感。总之，通过表达与演示象征意义来强化人们对组织的认同与归属，将组织的价值观、信仰和英雄形象深深刻在员工的脑海和心灵中，公司塑造了自己独特的身份，表达了公司体现个性、追求"与众不同"的唯一性的特征，即具有了独特性需求。仪式是一个重要的文化载体，并逐渐形成一种特殊的文化资本，成为企业特殊的“身份标识”。

综上所述，奖励旅游这一看似细小的消费行为，其背后具有一系列的象征性，通过表达和演示象征意义企业塑造了自己独特的身份，这些象征性反映了企业的独特性需求。同时这一系列象征性的符号行为都围绕着塑造和传播企业文化而展开，企业文化是奖励旅游象征性符号行为产生的源头，也就是说企业的独特性需求要通过企业文化的传达和塑造才能得以实现。

第五章　价值共创提升奖励旅游顾客价值的实证研究

价值共创和信息参与都是顾客参与的具体形式。其中信息参与是顾客参与最早也是最广泛的形式之一，价值共创则是顾客参与的提升形式。埃里克（2008）在研究组织顾客参与行为时，将价值共创（CPC）与信息参与（CPI）作为顾客参与的两个维度。为了比较价值共创这种顾客参与的提升形式与传统的顾客参与行为在动因、结果效应等方面的区别与联系，本研究的实证验证环节借鉴埃里克，将价值共创与信息参与这种最普遍的传统参与方式进行比较研究。

5.1 理论模型与假设

5.1.1 理论模型构建

本节的研究基于顾客价值理论，提出价值共创的概念模型，如图5-1所示。

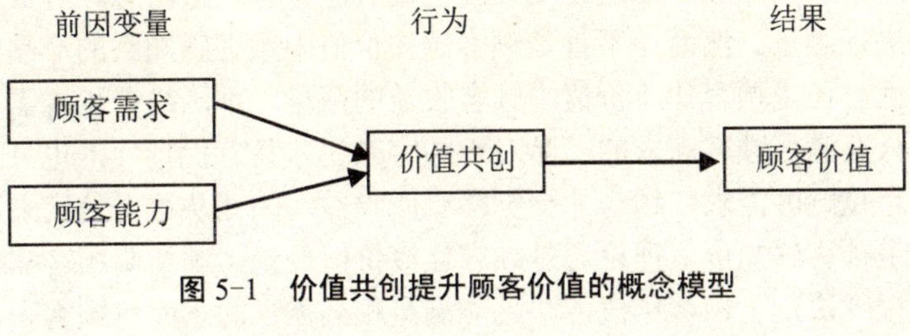

图 5-1　价值共创提升顾客价值的概念模型

顾客价值理论是市场营销学界 40 多年来倡导顾客导向的新发展，为企业真正从顾客需要出发推动顾客导向管理提供了新的认识途径和管理基础（王成慧，2002）。由于不同的学者从不同的角度对顾客价值进行了界定，因此也就产生了多个顾客价值理论。其中最具影响力的是蔡特哈姆尔的顾客感知价值理论和科特勒的顾客让渡价值理论。顾客感知价值源于经济学的效用理论，提出顾客价值是产品满足顾客需求的程度。蔡特哈姆尔认为，顾客价值是由顾客而非企业决定的，顾客价值实际上是顾客感知到的产品总的优越性。因此企业在为顾客设计、创造和提供价值时应该从顾客导向出发，将顾客对价值的感知作为决定因素。他根据顾客调查总结出顾客感知价值的 4 种含义：（1）价值就是低廉的价格；（2）价值就是顾客在产品或服务中所需要的东西；（3）价值就是顾客的付出所能获得的质量；（4）价值就是顾客的全部付出所能得到的全部（Zeithaml，1981）。

顾客让渡价值的理论来源则为价值工程理论，即顾客价值就是顾客的获得与支出的比例。科特勒提出顾客价值就是顾客让渡价值，它指的是总顾客收益与总顾客成本之差额。总顾客收益就是顾客从某一特定产品或服务中获得的一系列利益，它包括产品价值、服务价值、人员价值和形象价值；而总顾客成本是在评估、获得和使用该产品或服务时引起的顾客预计费用，它包括货币成本、时间成本和精力成本等（Kotler，1989）。

本研究认为顾客感知价值更适用于对顾客价值的概念及内涵的理解，有助于认识顾客价值的实质，即顾客价值是主观的，应由顾客感知决定；而顾客让渡价值更适用于顾客价值的测量，其操作性更强。因此，本研究的顾客价值使用让渡价值（总顾客收益与总顾客成本之差）进行测量。然而，不管是顾客感知价值中顾客感知到的产品的总优越性，还是顾客让渡价值中顾客收益的衡量，都围绕着顾客需求展开，只有满足顾客需求的产品对于顾客来说才具有优越性，也只有满足和超越顾客需求，顾客才会觉得有所收益，因此从这个角度来看，无论是顾客感知价值理论还是顾客让渡价值理论，都指明顾客需求的满足程度决定了顾客价值，即越能满足顾客需求的东西对顾客来说越有价值。因此，顾客需求对顾客价值产生直接影响。

顾客价值是由谁创造的呢？以前认为顾客价值是由企业创造的，

但服务占优逻辑理论指出，价值是由顾客和企业共同创造的，而非由制造商或服务提供商预先单独创造的（Vargo，2004；William，2006；Tim，2006；Donald，2006；汤俊，2011）。因此在顾客需求到顾客价值中，本研究引入价值共创这一变量。同时由于价值共创价值创造过程也是价值共创自身需求的满足过程，这就使价值创造的完成不能只关注企业的能力，还必然受到顾客自身能力的影响。因此本研究提出图 5-1 的概念模型，顾客需求和顾客能力是价值共创的前因变量，顾客价值是价值共创的结果变量，价值共创在顾客需求和顾客能力以及顾客价值之间具有中介传导作用。

5.1.2 理论模型的关键研究变量

上述理论模型提出了本研究的整体研究分析框架，接下来需要在研究分析框架中找出关键的研究变量。各研究变量的选择分析如下所述。

1. 顾客需求的关键研究变量选取

到底哪些顾客需求与价值共创行为密切相关呢？根据独特性理论（Uniqueness Theory，简称 UT）和最适刺激水平理论（Optimum Stimulation Level，简称 OSL）可知，独特性需求是价值共创行为的重要研究变量（徐岚，2007）。斯奈德和弗罗姆金（1997）提出独特性理论，认为每个人都可能既存在着将自己同化为外部世界的潜在需求（遵从性需求），又存在着将自己与外部世界区分开来的潜在需求，后者称为独特性需求。为了显示独立、创新、非从众的自我意象和社会意象，消费者寻求具有独特性的产品作为象征载体，当价值共创行为能使产品的独特性显著增强时，顾客就产生了强烈的参与需求（陈阳等，2005）。独特性理论是以创造的结果为导向的，然而问题解决视角只能部分地说明消费者创造的动机问题，有些顾客的独特性需求还可以通过参与过程的体验得以表达，这可以用最适刺激水平理论给以解释。最适刺激水平理论最早于 1955 年由赫布等人提出，认为个人从外部环境获得的刺激与他们对刺激的情感反应呈倒 U 型函数关系，函数的顶点是个人的最适刺激水平，当环境提供的刺激水平低于个人的最适刺激水平时，个人会通过寻求新奇、独特和复杂化的体验探索行为来增加刺激水平，而价值共创正是这种新奇体验的方式之一（Seven，1998），因此综合 UT 理论和 OSL 理论，由独特性产品需求和独特性体验需求共同构成的独特性需求是消费者价值共创的重要变量。在深度访谈中受访顾客 C1 提到“健康食品业某跨国公司在海外的会议组织中，只把签证等手续交给旅行社办，大部分会议筹备工作都由公司自己完成。在中国境内举办的会议不交给旅行社代办而全部由公司内部人员筹备和组织，其主要动因就是把企业参与会议筹办这种形式作为表达企业团队荣誉感的一种方式：会议由公司团队自己完成，自己人为自己人服务，而且做得这么好，觉得有种荣誉感在里面。通过这种方式企业表达和塑造了企业文化”。此时价值共创行为是以过程为导向的，也就是说，消费者将参与创造的过程看作一种体验探索活动，参与过程带给他们的新奇、独特和复杂的体验，可见组织顾客同样存在独特性需求。

根据风险承担理论可知，当顾客感知风险程度高时顾客有降低风险的需求。泰勒（1974）提出的消费者风险承担理论（Risk Taking）指出，消费者面对消费行为的首要前提是作选择，而在作选择时，消费者会产生感知风险，消费者一旦感知到某种风险的存在，就会产生焦虑，此时消费者就会寻求减少风险的方法，以降低消费行为后果的不确定性以及产生不利后果的严重性。当消费者从消费情境中主观地感知到的风险在其可接受的范围内，就不会有改变感知风险的行动。相反，若感知风险的程度超过了消费者可接受的范围，消费者就会采取改变感知风险的行动（高海霞，2003）。价值共创是消费者减少风险的重要方式之一，减少消费者感知风险是价值共创的重要需求。（Taylor，1974；Silpakit & Fisk，1985；File，1992；Dowling，1994；Moorthy，1997；Mitchell，1999；李东进，2000；Alison，2003；范秀成，2004）。在深度访谈中，样本 C3 反映“我们去旅游的时候，通常都是一到目的地就开会，而且开会还是很重要的内容，但旅行社有时候在时间安排上就没有考虑到这点，有时候会出现开会时间不够或者安排不合理等问题，所以我们情愿自己安排”，访谈样本 C2 表示“有时我们会有一些我方的要求，想使旅行过程能更加符合我方的要求，积极参与更能了解旅行社的产品是否符合我们的需求”,这都反映了组织价值共创也存在降低感知风险的需求。综上，当顾客感知到风险程度较高时会产生降低风险的需求,价值共创则是降低风险的一种方式，因而用感知风险来测量顾客希望降低风险的需求。

社会资本理论认为信任是重要的社会资本，它能满足个体本体安全感的需求，信任本身其实就是对付不确定性的一种策略，具有化解复杂性的功能，作为社会资本的信任，被视为具有实现互动和经济合作的功能（朱虹，2009），信任的出现可以增进双方的安全感，形成稳定的合作关系,在某种程度上可以有效地解决不完全合约带来的问题。同时，根据信任—承诺理论可知，顾客对企业的信任，能产生是一种更强的情感承诺，显示对交换伙伴更高程度的认同。这种较强的认同感会让顾客感知到自己同该组织间有很强的纽带关系，从而提高人们参与社会交换以及合作互动的意愿（Fukuyama，2001；王曙光等，2009）。在深度访谈中发现供求双方的信任关系建立，也使得顾客愿意主动与供应商进行互动，就像样本 C2 反映的“愿意像帮朋友生意更好一样多提些改进意见”。基于此，本研究用信任来测量组织顾客希望满足本体安全感和合作互动的需求。

综上所述，本研究选取独特性需求、感知风险和信任作为奖励旅游中驱动价值共创的顾客需求的关键研究变量。

2. 顾客能力的关键研究变量选取

顾客能力能帮助顾客突破参与的技术壁垒，包括顾客知识、顾客的购买经验、沟通能力及可支配的时间与精力等，其中顾客知识是一个最重要的参与能力因素（Fisk，1993；Kong-Fah Cheng，1995）。使用单条题项（例如“你认为在该情景中，顾客具有丰富的知识吗”），用语义区分量表对顾客能力进行了测量，可见顾客知识是顾客能力的重要研究变量。在深度访谈中，样本 S2 反映“越是奖励旅游组织得多，组织得好，跟旅行社合作次数多的企业往往参与程度和参与水平都较高”，这可以归结为组织顾客的知识对价值共创的影响。因此，本书借鉴曾光华的做法，选用顾客知识作为顾客能力的关键研究变量。

3. 价值共创的关键研究变量选取

价值共创是顾客参与的提升形式。关于顾客参与影响较广的主要有以下两种观点：一是宾克斯等人（1999）提出的价值共创构成的三维度，包括信息分享、责任行为和人际互动；二是克莱科姆等（2001）区分出的顾客出席（Attendence）、信息提供（Information）以及合作生产（Co-production）3 个维度。在组织价值共创行为的构成上，埃里克（2008）首次在组织消费者顾客参与实证研究中提出价值共创，将顾客参与总结为信息参与（Customer Participation as an Information Resource，简称 CPI）和价值共创（Customer Participation as a Codeveloper，简称 CPC）两个维度。CPI 是指顾客向供应商提供各种信息的参与行为。CPC 则指顾客与供应商的价值共创行为。因此，本研究借鉴埃里克的研究，将价值共创（CPC）和信息参与（CPI）作为顾客参与的构成维度进行对比研究。

4. 顾客价值的关键研究变量选取

科特勒认为顾客价值是总顾客收益与总顾客成本之差。总顾客收益就是顾客从某一特定产品或服务，获得的一系列利益，它包括产品价值、服务价值、人员价值、形象价值；而总顾客成本是在评估、获得和使用该产品或服务时而引起的顾客预计费用，它包括货币成本、时间成本、体力成本、精力成本等。布洛克·史密斯等人（2007）对顾客让渡价值进行了具体的分类，提出顾客价值的测量方式应致力于识别顾客感知价值的主要类别，而非覆盖顾客感知到的所有价值。可将顾客价值分为 4 种：

（1）实用价值。它是指产品或服务的效用及功能。伍德拉夫（1997）概括了 3 个方面：首先是能准确地满足顾客需要的属性，包括美观、质量、定制化及创造性等方面；其次是绩效优良，包括可靠性、实际质量和支持性服务结果；最后是结果优良，包括有效性、运作方面及环境方面的收益。

（2）体验价值或享乐价值。它是指产品能够为顾客提供特定的体验、情绪及情感等。有学者把与群体认同相关的友谊信任等社会价值也归入体验价值（Sheth，1991；Holbrook，1999、2005；Lapierre，2000）。

谢思（1991）和拉皮埃尔（2000）把认知价值也纳入体验价值，认为与满足好奇、新鲜、知识或幻想相关的认知价值也属于体验价值。

（3）象征价值。它是指顾客附加到产品或服务上的心理价值，是与自我概念相关或具有个人独有的象征意义的价值，是自我表达的一种方式。

（4）成本感知。布洛克·史密斯等人的顾客价值是在消费者层面进行的研究，本书针对组织顾客的深度访谈发现，组织顾客的体验价值维度未得到验证，而将价值共创与组织企业文化表达相联系的象征价值得到验证。因此，本书将顾客价值从实用价值、象征价值和成本感知 3 个方面进行分类测量。其中实用价值是指组织在产品表现及实用结果等方面的收益，象征价值是指组织在企业文化表达及风格等方面的收益，成本感知是指组织顾客对时间、精力和价格等总成本付出的感知。

5.1.3 研究假设

价值共创是一种顾客创造行为，根据行为主义学派的理论，环境是顾客创造的重要影响因素。同时，创造性活动也始于个体，个体的内在心理特质必然是这些行为的动力来源。目前对于价值共创的内外部前因变量的研究都较有限，且尚待深入。而且以上对价值共创的内外因素的研究多是基于消费者的，这与顾客创新研究多关注个人用户或消费者，而且多集中于制造业的研究状况相关。在产业市场上组织价值共创前因变量与消费者是否存在区别？尤其是个人特征明显的内在心理因素在组织顾客中是否存在？以何种形式存在？人们对这些问题的答案所知甚少。格雷瓦尔等以电子商务为背景，对组织价值共创前因变量进行了研究，指出对于组织顾客，价值共创取决于其动机和能力，在动机中从效率和合法性等外部因素进行了探讨，对于组织顾客内在心理因素的研究尚未见到。本研究拟借鉴格雷瓦尔的研究框架，对价值共创的影响因素从动机和能力两方面进行考察。在组织价值共创的动机方面，将目前少有人系统研究的内在心理动力作为重要研究内容。

价值共创和信息参与都是顾客参与的具体形式。其中信息参与是顾客参与最早也是最广泛的形式之一，价值共创则是顾客参与的提升形式。为了比较价值共创这种顾客参与的提升形式与传统的顾客参与行为在动因、结果效应等方面的区别与联系，本研究的实证验证环节将价值共创和信息参与进行比较研究。

1. 感知风险对顾客信息参与和价值共创的影响

西方对消费者感知风险的研究始于1960年，感知风险的相关理论已经相对成熟，但是感知风险对价值共创意向的影响仅仅停留在理论探讨层面，还没有系统性的实证研究（耿先锋，2008）。将感知风险这个构念引入到顾客参与意向的影响因素中来，可以有效地完善现有研究，增强顾客参与相关研究的系统性。

虽然有学者认为顾客参与会增加顾客感知到的风险，如克罗克（1986）指出较高的顾客参与会增加顾客的焦虑，或者会降低顾客的自信，在服务传递过程中，如果出现任意一种情况，或同时出现两种情况都会增加顾客的感知风险水平。而更多的学者认为降低感知风险正是顾客信息参与和价值共创的一个重要前因变量。罗斯维斯（1971）认为降低风险是顾客产品涉入的主要动因。泰勒（1974）指出顾客决定参与到共同生产中是为了降低感知风险。劳伦特（1985）的研究将顾客参与分成四个维度，其中的两个维度与感知风险有关。穆尔蒂（1997）进行了有说服力的研究。菲莱（1992）指出由于很难评价服务质量，顾客在消费过程中总会感知到风险，因此顾客会更多地参与到了服务传递过程中来，以减少不利服务后果的发生机率。有学者（Silpakit，1985）也指出顾客参与到服务过程中来可能是一种减少消费者风险感知的有效手段。李东进（2000、2001）对感知风险与信息交换努力之间的关系作了实证研究，结果表明，消费者要做出合理的购买决策，并尽量减少购买决策的风险，就必须在购买产品之前掌握相关信息，消费者搜寻信息的努力程度与感知风险之间有正关系。信息交换是减少风险的有效手段，为了避免风险在一定的条件下顾客选择参与到服务过程中来。有许多顾客参与服务生产是降低服务质量的不确定性（Dowling，1994；范秀成，2004）。艾利森（2003）通过对电子银行业和旅游业的实证研究也表明，与有形产品不同，服务由于不能预先得知，因此服务结果更难确定，因此为了减少服务过程中的不利因素，顾客感知风险越高，其顾客参与程度越高。

结合访谈结果，我们发现降低感知风险的确是组织顾客参与行为的重要原因，于是我们假设：

H1a：感知风险对 CPI 具有积极的影响作用。

H1b：感知风险对 CPC 具有积极的影响作用。

2. 独特性需求对顾客信息参与和价值共创的影响

独特性需求（Need for Uniqueness）是指每个人都会在某种程度上渴求唯一性，而这种“唯一性”可通过人们的消费行为体现，是个体的一种稳定的心理特质。由于组织具有与个体人格相类似的能被外界感知的个性特征，即组织人格（Lynn，1997）。因此本书将独特性需求这一个体心理特质引入到组织行为中，并通过深度访谈发现组织顾客也具有独特性需求。

独特性需求是价值共创的重要影响因素，受到越来越多的关注。但现有研究多将其视为价值共创后的一个调节变量（楼尊，2010；张明立，2011）。一般认为理想的调节变量与自变量和因变量的关系都不大。而本研究发现独特性需求与价值共创显著相关，对于价值共创来说，它不是一个调节变量，而是一个前置变量。独特性需求是价值共创的重要动机，并对顾客价值产生影响。

价值共创的独特性需求首先通过具有独特性的产品来满足。林恩（1997）的研究表明，消费者往往为了形成区分于他人的自我意向而有意识地去寻找独特性产品，通过购买和消费独特性产品，其独特性的象征意义向自我移情而增加消费者的自我意向；消费者独特性需求需要依靠具有独特性的产品来实现，这是顾客接受定制产品的最初动机，定制化的产品和服务正是由于能够凸显独特和个性而受到消费者的青睐。弗兰克等（2003）在一项消费者自己设计手表的实验中发现，相较于技术质量比较好的标准手表，消费者愿意为自己定制的产品支付更高的额外价格，购买意愿也更强。徐岚（2007）提出由于消费者希望形成独特的自我意象和社会意象，必须寻找独特的产品作为象征意义的载体。此外，独特的产品对个人的最终作用还取决于它被社会群体中的其他人视为独特性象征的程度。如果社会群体中的其他人因为消费者购买和消费该独特性产品产生或增强了认为其独特的社会意象。那么这种社会意象会进一步加强消费者的自我意象 。价值共创正是增强产品的独特性的一种重要方式。张明立等提出独特性需求高的顾客较之独特性需求低的顾客对于服务本身更感兴趣，对企业本身和所提供的服务更加认同，同时，为了使参与活动对于其个人意义得以凸显，独特性需求高的顾客群在心理、实体行为以及情感上的付出要比独特性需求低的顾客群高（张明立，2011）。

其次,价值共创的独特性需求还通过独特的体验实现。徐岚（2007）指出尽管消费者独特性需求理论为消费者创造性提供了一种理论基础，然而该理论是以创造的结果为导向的，创造主体受创造的预期结果所驱动，关注的是创造的结果是否解决了现有的问题。然而问题解决视角只能部分地说明消费者创造的动机问题。比如现实中有些消费者愿意花钱去陶吧自己创作一件陶器，他们不缺陶器，去陶吧也不是为了向他人炫耀自己有多么与众不同，他们只是想享受创造的过程。于是提出消费者的独特性需求不仅通过消费的最终结果（产品）得以实现，还可以通过消费过程（体验）得以表达。参与产品设计或生产为顾客提供了一种独特的体验。价值共创是顾客表达的一种方式。彼得对双性恋、同性恋等非主流顾客在酒吧中的价值共创行为进行观察，提出价值共创表演及服务传递过程成为展示其身份的一种手段（Peter，2007）。因此价值共创过程本身构成顾客的一种独特性体验。徐岚也提出消费者的独特性需求不仅通过消费的最终结果（独特的产品）得以实现，还可以通过消费过程（体验）得以表达（徐岚，2007）。以上两例关于价值共创可以成为顾客表达的实证研究是以消费者层面进行的，但此种表达在组织顾客中是否存在尚未见到相关论证。

前述访谈样本 C1 提到的某健康食品业跨国公司在海外举行的公司会议，只将签证等手续交给旅行社办，自己负责大部分会议筹备的案例表明，通过参与进行表达在组织顾客中同样存在。基于此，本书认为顾客的独特性需求是价值共创的重要动机，价值共创可通过提供独特性产品和独特性体验满足顾客的独特性需求，于是提出假设：

H2a：独特性需求对 CPI 具有积极的影响作用。

H2b：独特性需求对 CPC 具有积极的影响作用。

3. 信任对顾客信息参与和价值共创的影响。

在影响合作的诸多因素中，信任起到了至关重要的作用，但信任在合作中的作用机制尚未有统一的认识。一方面，信任可以降低顾客的感知风险，从而降低价值共创水平。如伦德瓦尔（1988）指出，信任可以减少产品合作创新中的不确定性。莫里森等人（2000）指出风险、不确定性、相互依赖以及相关知识和信息的缺乏使得交易双方在决策时不得不诉诸信任。信任有助于管理风险，简化决策过程。赵文红（2008）指出在服务接触过程中，服务提供者与顾客签订的是不完全合约，不可能列举出所有可能出现的情况，信任被认为可以降低交易成本，减少顾客感知风险。另一方面从关系营销的相关研究来看，大量的研究表明关系信任度越高，人们越是愿意参与社会交换以及合作互动（Fukuyama，2001）。王曙光（2009）通过实证研究提出人际信任对企业间沟通、关系质量有正向的促进作用。在顾客对企业的信任上，能产生一种更强的情感承诺，显示对交换伙伴更高程度的认同。这种较强的认同感会让顾客感知到自己同该组织间有很强的纽带关系，使顾客更有信心通过参与活动来满足其独特性的产品需求（贾薇，2010）。那么顾客对企业的信任越强，顾客的参与程度究竟是越高还是越低呢？访谈中旅行社（生产商）提到“一般来说举办奖励旅游次数越多的企业，与旅行社合作次数越多的企业参与程度越高”，这从一个侧面反映出在奖励旅游背景下，顾客对组织的信任有助于增加其参与行为，这与关系营销的理论研究相吻合，于是本书提出假设：

H3a：信任对 CPI 具有积极的影响作用。

H3b：信任对 CPC 具有积极的影响作用。

4. 顾客知识对顾客信息参与和价值共创的影响

劳埃德（2003）的研究表明，顾客能力是价值共创的重要影响因素，参与能力反应顾客是不是有足够的知识、能力可以克服壁垒参与到服务过程中。顾客拥有的关于某服务的知识越多，顾客就更会自认为能够准确地预期自己的参与行为对服务共同生产的结果的影响，进而激发出更高程度的以获得独特服务结果为导向的服务参与行为，即顾客知识对于顾客的创造性服务参与行为有着积极的影响（Dowling，1994；Laroche，2003；贾鹤，2009）。有学者对手表制造商和银行业的组织价值共创行为进行了研究，指出顾客知识是价值共创的重要影响因素。路易莎（2010）通过多案例研究和深度访谈相结合的方法对西班牙家具零售业中的价值共创行为进行研究表明，在服务导向下顾客要参与共同创造，顾客的知识是其参与角色扮演的重要前提。本研究通过访谈发现组织顾客经验越丰富，顾客知识越多，其参与程度和水平也越高。于是本书提出假设：

H4a：顾客知识对 CPI 具有积极的影响作用。

H4b：顾客知识对 CPC 具有积极的影响作用。

5. 价值共创对实用价值的影响

价值共创可以提高实用价值。首先，通过价值共创信息搜索等行为，可以为顾客节省费用和金钱，并降低服务过程的不确定性，从而增加顾客对经济收益的感知。其次，贝特森（1985）综合前人的研究提出即使不存在通常所说的财务刺激，仍有顾客会选择自助服务等参与行为，提出价值共创除节省时间、提高效率和降低风险等财务刺激外，也增加顾客的控制感、独立感等因素。赵文红等（2008）通过对非营利组织与企业的合作的实证研究，证实价值共创与合作的直接效果显著正相关，具体来说，合作双方的参与度对合作直接效果、知识创造效果、社会效果的产生有显著的正向促进作用。价值共创有助于扩大合作规模和合作范围，有助于组织从顾客那里获得相关技能，包括从顾客那里获得重要信息、新的管理能力及服务创新能力等，这样将使顾客的需求得到更好地满足，从而提升顾客价值。例如顾客在接受金融服务时，向银行所传递的服务反馈和需求信息越多，越有利于银行根据顾客知识提供更卓越的服务（张若勇，2007）。2010 年，吉米等提出价值共创通过更好的服务质量、定制化的服务和提高控制感 3 个方面提升顾客的实用价值。同时，顾客只有和企业进行相关的信息交流，才能使企业了解顾客的真实需求，企业才能按照顾客真实需求去组织生产，从而实现顾客定制。顾客定制使企业提供的产品和服务更能满足顾客个性化需求，增加了顾客感知利得。贾薇等（2010）通过培训业的实证研究也表明价值共创对顾客实用价值感知产生显著的正向影响。于是本书提出假设：

H5：价值共创对实用价值具有积极的影响作用。

相应的子假设如下：

H5a：CPI 对实用价值具有积极的影响作用。

H5b：CPC 对实用价值具有积极的影响作用。

6. 价值共创对象征价值的影响

有学者（Prahalad，Ramaswamy，2004）指出“价值共创可以满足顾客的体验需求”，而贾薇（2010）实证研究表明价值共创与顾客享乐价值间没有显著的相关关系（路径系数不显著）；实用价值在价值共创和享乐价值之间的关系中扮演着完全中介的作用。认为价值共创“合作生产”不仅仅是顾客的行为过程，而且是认知过程。从认知的观点来看，价值共创是以目标为导向的，价值共创最初是为了满足消费者的功能性（经济性）需求，但随着参与活动的持续，价值共创就逐步具备了其社会功能，即满足顾客的心理需求。也就是说，顾客在参与的过程中对功能性目标实现的评价会放大顾客对参与过程本身的评价，倘若价值共创的基本工具性结果目标没有实现，则顾客在参与活动中的体验和感受也大打折扣。

克莱恩等人（2000）通过同性恋酒吧中的价值共创行为进行研究表明，价值共创可以实现其自我表达的目的，进而提升其象征价值。本研究通过访谈发现，在组织行为中，这种表达仍然存在，如前述船长晚宴和“健康食品业某跨国公司”案例，正是通过价值共创活动组织和自我服务过程，表达其独特的企业文化和组织精神。于是本书提出假设：

H6：价值共创对象征价值具有积极的影响作用。

相应的子假设如下：

H6a：CPI 对象征价值具有积极的影响作用。

H6b：CPC 对象征价值具有积极的影响作用。

7. 价值共创对感知成本的影响

价值共创需要顾客付出额外的时间和精力，因此参与往往被视为一种成本。然而本书认为价值共创虽然增加了顾客时间、精力和金钱等成本的付出，但由于参与过程中独特性体验以及独特的产品给顾客带来的内心的愉悦和顺畅，顾客可能把参与的投入视为一种体验，从而缩小对付出的感知成本。于是本书提出假设：

H7：价值共创对感知成本具有显著的负向影响作用。

相应的子假设如下：

H7a：CPI 对感知成本具有显著的负向影响作用。

H7b：CPC 对感知成本具有显著的负向影响作用。

服务占优逻辑理论认为，价值不再由制造商或服务提供商预先单独创造，而是由顾客和厂商共同创造，顾客参与到价值创造过程中（Vargo，2004；William，2006；Tim，2006；Donald，2006；汤俊，2011），因此本研究提出顾客参与在顾客价值创造过程中具有中介传导作用。

8. 信息参与和价值共创在感知风险和顾客价值之间的中介作用

感知风险对顾客价值的影响主要体现在对感知成本的影响上。在购买决策前，顾客总是在从交易中所获得的利得和为获得该利得所付出的成本二者的权衡，其中成本除了有形的货币付出外，还包括了无形的成本——精神上的成本，即感知风险（Wood，1996）。感知风险是消费者对于购买决策的结果和后果的不确定性感，代表未来且不确定的可能花费或遭遇，通过感知成本对顾客价值产生负面影响（高海霞，2009）。在访谈中，许多组织奖励旅游的企业都提出，“我们的人力资源部人员本身已经有很多的任务了，而且他们的工资也不低，当然希望把专业的事情交给专业的公司去做，而不用占用我们内勤的时间和精力”，可见，当感知风险驱使顾客进行减少风险的行为（价值共创行为）时，顾客对其投入参与的时间、精力和成本等作为牺牲代价而成为感知成本。这就是说，价值共创降低感知风险的同时也增加了顾客的感知成本。根据前文分析，风险承担理论指出当顾客感知风险程度高时顾客有降低风险的需求，学者们证实价值共创是消费者减少风险的重要方式之一，减少消费者感知风险是价值共创的重要需求（Taylor，1974；Silpakit，1985；File，1992；Dowling，1994；Moorthy，1997；Mitchell，1999；李东进，2000；Alison，2003；范秀成，2004）。结合访谈中发现的组织顾客可能由于参与过程中独特性的体验以及独特的产品给顾客带来的内心愉悦和顺畅而把参与的投入视为一种体验，从而降低感知成本，于是本书提出假设：

H8：价值共创在感知风险对感知成本的影响中具有中介作用。

相应的子假设如下：

H8a：CPI 在感知风险对感知成本的影响中具有中介作用。

H8b：CPC 在感知风险对感知成本的影响中具有中介作用。

9. 信息参与和价值共创在独特性需求和顾客价值之间的中介作用

针对同一类商品，独特性需求不同的消费者对品牌差异的感知是不同的（Tepper，1996；Griffiths，1998），独特性需求通过对感知到的顾客收益的影响而对顾客价值具有积极的影响作用。同时独特性需求高的顾客在服务中更关注企业对其心理上和情感上的满足程度，更愿意积极地与企业进行互动。独特性需求高的顾客较之独特性需求低的顾客对于服务本身更感兴趣，对企业本身和所提供的服务更加认同，同时，为了使参与活动对于其个人意义得以凸显，独特性需求高的顾客群在心理、实体行为以及情感上的付出要比独特性需求低的顾客群高，从而引发独特性需求高的顾客群的感知控制感更加强烈，而感知控制感的增加会对消费者的生理和心理产生积极的影响，使得独特性需求高的顾客群对参与活动结果和过程做出更为积极的评价（张明立，2011），进而对顾客价值产生积极的影响作用。根据前文分析，独特性理论和最适刺激水平理论可知，独特性需求是消费者价值共创行为的重要前因变量，学者们通过实证研究证实，为了获得独特性产品或独特性体验，独特性需求正向影响价值共创（Franke，2003；徐岚，2007；Peter，2007；张明立，2010），本研究通过访谈证实以上独特性需求对价值共创的促进作用在组织顾客中同样存在。同时价值共创可以通过更好的服务质量、定制化的服务、提高控制感和增加顾客感知利得等方式提升顾客的实用价值（张若勇，2007；Kimmy，2010；贾薇，2010），价值共创通过实现自我表达提升象征价值（Rodie，2000），结合访谈中发现的组织顾客通过价值共创表达企业文化从而提升象征价值，本书提出假设：

H9a：CPI 在独特性需求对实用价值的影响中具有中介作用。

H9b：CPC 在独特性需求对实用价值的影响中具有中介作用。

H9c：CPI 在独特性需求对象征价值的影响中具有中介作用。

H9d：CPC 在独特性需求对象征价值的影响中具有中介作用。

从访谈得知，独特性需求高的组织顾客比独特性需求低的客户，更多地参与产品的开发实施，而获得独特性体验。如船长晚宴中保险公司总裁装扮成船长，其他公司行政人员装扮成船员为参加奖励旅游的员工服务。虽然此时这位总裁和行政人员的时间和精力成本都因付出而增加，但因为其满足了企业的独特性需求，从参与者本身来说，并不将这些付出视为成本，而视为一种难得的体验。根据前文分析，独特性需求积极影响价值共创（Franke，2003；徐岚，2007；Peter，2007；张明立，2010），结合访谈中发现的组织顾客可能由于参与过程中独特性的体验以及独特的产品给顾客带来的内心愉悦和顺畅而把参与的投入视为一种体验，从而降低感知成本，于是本书提出假设：

H9e：CPI 在独特性需求对感知成本的影响中具有中介作用。

H9f：CPC 在独特性需求对感知成本的影响中具有中介作用。

10. 信息参与和价值共创在信任和顾客价值之间的中介作用

那哈皮特（1998）等研究证明存在高度信任的前提下，人们更愿意在知识交换中承担风险，信任也意味着更大程度通过交换和整合获取潜在的价值创造。赵文红等（2008）提出信任可以正向影响合作效果，信任关系的氛围有利于组织间信息的自由交换，并且被期望能够增加无曲解的、真实的或公开的信息，与合作方建立起的紧密的社会关系有利于企业从伙伴处获得更多共享知识和经验的机会，与合作之初相比，信任有利用扩大合作规模、合作范围，并从企业那里获得相关技能、重要的信息以及新的管理能力等实用收益。有学者则提出信任通过正向影响参与质量从而正向影响参与绩效。根据前文分析，社会资本理论指出信任具有实现互动和经济合作的功能，学者们通过实证研究证实信任积极影响价值共创（Fukuyama，2001；王曙光，2009），通过访谈本研究发现信任对价值共创的促进作用在组织顾客中同样存在。同时价值共创正向影响顾客的实用价值（张若勇，2007；Kimmy，2010；贾薇，2010），正向影响顾客的象征价值（Rodie，2000），结合访谈中发现的组织顾客通过价值共创表达企业文化从而提升象征价值，于是本书提出假设：

H10：价值共创在信任对顾客价值的影响中具有中介作用。

相应的子假设如下：

H10a：CPI 在信任对实用价值的影响中具有中介作用。

H10b：CPC 在信任对实用价值的影响中具有中介作用。

H10c：CPI 在信任对象征价值的影响中具有中介作用。

H10d：CPC 在信任对象征价值的影响中具有中介作用。

风险、不确定性、相互依赖以及相关知识和信息的缺乏使得交易双方在决策时不得不诉诸信任，信任有助于管理风险（Morrison，2000），赵文红（2008）指出在组织中信任是一个调节器，可以降低对其他个体机会主义行为的预期，从而减少组织中的冲突，降低组织中的交易成本。在服务接触过程中，服务提供者与顾客签订的是一种不完全合约，不可能列举出所有可能出现的情况。信任被认为是一种减少对合作者机会主义行为的顾虑的期望或者信心。在合作中所产生的作用体现在降低交易成本、引导合作行为，以及冲突的有效解决等方面。贾薇（2010）也指出顾客对企业的信任，能减少顾客对参与行为的不确定性，降低顾客在价值创造活动中的感知成本。根据前文分析，信任积极影响价值共创（Fukuyama，2001；王曙光，2009；朱虹，2009），价值共创可能通过提供与众不同的顾客体验降低组织顾客的感知成本，于是本书提出假设：

H10e：CPI 在信任对感知成本的影响中具有中介作用。

H10f：CPC 在信任对感知成本的影响中具有中介作用。

11. 信息参与和价值共创在顾客知识和顾客价值之间的中介作用

在服务行业中，顾客的技能对于服务的绩效有着非常普遍而关键的影响，资源和能力（Gulati，1999）尤其是顾客的资源和能力（Afuah，2000）对价值创造的重要性越来越受到重视。鲍姆等人（Baum，Calabrese & Silverman，2000）在对加拿大生物技术行业的研究中发现，生物技术创业公司通过吸引联盟参与所带来的知识和信息来提高他们的绩效。顾客的能力越强，通过知识共享更能促进学习（Anand，2000；Dyer，2000）和收获来自交互活动所产生的利益（Blankenburg，1999）。顾客能力越强，其价值共创介入生产的程度就越高，情感上的积极参与将使他们更倾向于认为自己的努力将会对自身价值度有所贡献（张若勇，2007）。当顾客拥有的知识越丰富，越有助于服务提供者生产出与原本预期的服务结果更为接近的实际服务结果（贾鹤，2009）。根据前文分析，顾客知识对价值共创具有积极影响作用（Gulati，1999；Baum，2000；Anand，2000），价值共创正向影响顾客的实用价值（张若勇，2007；Kimmy，2010；贾薇，2010），正向影响顾客的象征价值（Rodie，2000），结合访谈中发现的组织顾客通过价值共创表达企业文化从而提升象征价值，于是本书提出假设：

H11：价值共创在顾客知识对顾客价值的影响中具有中介作用。

相应的子假设如下：

H11a：CPI 在顾客知识对实用价值的影响中具有中介作用。

H11b：CPC 在顾客知识对实用价值的影响中具有中介作用。

H11c：CPI 在顾客知识对象征价值的影响中具有中介作用。

H11d：CPC 在顾客知识对象征价值的影响中具有中介作用。

本节通过逻辑推理和访谈结果归纳相结合的方式，推导出本研究的理论模型，探讨组织价值共创行为的前因变量（包括独特性需求、信任、感知风险和顾客知识），价值共创对顾客价值的影响效用，以及价值共创的中介传导作用。根据研究框架，本章对模型中的各种关系进行了详细阐述，并提出假设，详见表 5-1。

表 5-1　本研究的假设列表

H1a	感知风险对 CPI 具有积极的影响作用
H1b	感知风险对 CPC 具有积极的影响作用
H2a	独特性需求对 CPI 具有积极的影响作用
H2b	独特性需求对 CPC 具有积极的影响作用
H3a	信任对 CPI 具有积极的影响作用
H3b	信任对 CPC 具有积极的影响作用
H4a	顾客知识对 CPI 具有积极的影响作用
H4b	顾客知识对 CPC 具有积极的影响作用
H5a	CPI 对实用价值具有积极的影响作用
H5b	CPC 对实用价值具有积极的影响作用
H6a	CPI 对象征价值具有积极的影响作用
H6b	CPC 对象征价值具有积极的影响作用
H7a	CPI 对感知成本具有显著的负向影响作用
H7b	CPC 对感知成本具有显著的负向影响作用
H8a	CPI 在感知风险对感知成本的影响中具有中介作用
H8b	CPC 在感知风险对感知成本的影响中具有中介作用
H9a	CPI 在独特性需求对实用价值的影响中具有中介作用
H9b	CPC 在独特性需求对实用价值的影响中具有中介作用
H9c	CPI 在独特性需求对象征价值的影响中具有中介作用
H9d	CPC 在独特性需求对象征价值的影响中具有中介作用
H9e	CPI 在独特性需求对感知成本的影响中具有中介作用
H9f	CPC 在独特性需求对感知成本的影响中具有中介作用
H10a	CPI 在信任对实用价值的影响中具有中介作用
H10b	CPC 在信任对实用价值的影响中具有中介作用
H10c	CPI 在信任对象征价值的影响中具有中介作用
H10d	CPC 在信任对象征价值的影响中具有中介作用
H10e	CPI 在信任对感知成本的影响中具有中介作用
H10f	CPC 在信任对感知成本的影响中具有中介作用
H11a	CPI 在顾客知识对实用价值的影响中具有中介作用
H11b	CPC 在顾客知识对实用价值的影响中具有中介作用
H11c	CPI 在顾客知识对象征价值的影响中具有中介作用
H11d	CPC 在顾客知识对象征价值的影响中具有中介作用

5.2 定量研究设计

研究设计是指导收集和分析数据资料的计划，合理的研究设计能够使研究在数据收集成本和数据质量之间取得一个较好平衡，从而满足研究的需要。实证研究的研究设计主要包括问卷设计、操作变量、数据收集方法以及数据分析方法的安排。

5.2.1 变量的操作性定义与测量

在实证研究中，概念及其测量是研究的基础，也是问卷设计的核心内容。如果对概念没有清晰的理解与界定，就可能导致对概念的错误测量，而用错误的测量对假设进行检验的话，结果就会毫无意义。第四章的研究框架由价值共创、独特性需求、感知风险、顾客知识、信任、顾客价值 6 个变量和其他控制变量共同组成。本研究综合文献分析、深度访谈和内容分析结果对以上变量进行界定和测量，以下逐一进行说明。

1. 信息参与和价值共创

信息参与和价值共创都是顾客参与的方式。宾克斯等人（1999）针对英国的银行和小型企业，进行实证研究，发现公司和顾客的参与行为对于服务质量都是至关重要的，他们从信息分享、责任行为和人际互动这 3 个维度来测量企业和银行的参与。在他们的研究中企业相当于顾客，而银行则是服务提供者。其中信息参与行为是这样是这样测量的：就一些问题提醒银行经理；讨论超额借款；定期提供信息；欢迎来访；发现接触是有益的。耿先锋（2008）沿用了这一维度划分，并结合中国的医疗业将这 3 个维度用以下 9 个问题进行了测量：（1）就医之前，患者是否了解医院或医生的相关信息；（2）就医之前，患者是否基本了解自己的症状；（3）就医之前，患者是否搜寻相关信息，知道应该协助医生做什么；（4）在就医过程中，患者是否会尽力向医生说清自己的病情；（5）在就医过程中，患者是否按要求完成了必要的医疗流程；（6）患者是否会全力配合，按医生的要求行事；（7）患者是否会提出新的建议，来提高医疗服务质量；（8）在就医过程中，患者是否主动地与医生沟通；（9）如果有需要，患者是否会为其他病人提供力所能及的帮助。

克莱科姆等（2001）发展出了关于顾客参与的一个比较完整的量表，将顾客参与分为3个维度，即出席、信息提供和合作生产，并发展出问卷进行实证研究，提出了一个完整的测量顾客参与的量表。该量表包括3个维度、9条语句，出席通过一个顾客一个月内光顾餐馆的次数来衡量，信息提供通过5项指标来衡量，评估了顾客给餐馆提供信息、革新性意见以及其他顾客信息的程度。合作生产通过3项指标来衡量，评价顾客超越正常期望去适应新的成员，提供服务给餐馆，在服务传递过程中提供大量努力去帮助餐馆。

艾利森（2003）以中国香港的电话银行业和旅游业为例，开发了消费者顾客参与的测量量表，将顾客参与分为两个维度：行为维度和信息维度，共7个题项进行测量。其中行为维度用“使用这项服务我需要投入许多精力”“使用这项服务我需要投入许多毅力”“使用这项服务我需要投入许多时间”“使用这项服务过程比较复杂”4个题项测量；信息维度用“我搜索了此项服务的相关信息”“我搜索了获得此项服务的便利地点的相关信息”“我搜索了如何使用此项服务的相关信息”3个题项进行测量。

徐岚（2007）在《消费者为什么参与创造》一文中将消费者参与新产品创造的意愿从参与行为中剥离，并用于衡量消费者创造性的大小。

埃里克（2008）将顾客参与分为信息参与（CPI）和价值共创（CPC）两个维度。对CPI用顾客参与的行为进行界定和测量，包括“我们积极地把我们从分销商和零售商处收集的信息传递给开发商”“我们让制造商随时了解产品在分销商和零售商的市场情况”“经常交流关于下游顾客的需求和偏好的信息”“重要的信息我们会及时与制造商交流”4个问题。对CPC则用顾客对共同开发的重要性的心理认识来界定，并用顾客对其参与生产这一角色的重要性的感知进行测量，包括“我们的产品开发的努力非常重要”“我们的顾客参与工作是整个研发任务的重要组成部分”“我们作为共同生产者参与非常重要”3 个问题。

彭艳君（2010）总结前人文献提出顾客参与的构成涵盖事前准备、信息交流、合作行为与人际互动 4 个维度，并以美发业为例通过实证研究确定了顾客参与量表的测量项目，共有 17 条语句，其中事前准备 6 条，信息交流 5 条，合作行为 3 条，人际交互 3 条。其量表的具体题项与美发业相关。例如在事前准备的测量时，用了以下 6 个问题：（1）接受美发服务之前，我向美发师询问美发的具体操作过程；（2）在接受美发服务之前，我询问美发是否有风险；（3）在接受美发服务之前，我向美发师询问美发的具体内容；（4）在接受美发服务之前，我很少询问与美发相关的事宜；（5）在接受美发服务之前，我搜集了关于美发服务的知识；（6）在接受美发服务之前，我向美发师询问美发所需的时间。

吉米（2010）用 5 个问题测试顾客参与：（1）在服务过程中我花了很多时间与企业交流关于我的需要和观点的信息；（2）为了让企业充分了解我的个人需求我付出了很多努力；（3）我总是积极地向对方提建议以便提高服务质量；（4）在服务过程中我的参与度高；（5）我在很大程度上决定了服务按我的需要提供。这种测量综合了顾客的付出形式和参与形式两方面的内容。但只测试了服务过程，对事前准备及事后沟通等环节没有覆盖。

从顾客参与环节来看，顾客参与链不断向前后延长，在关注运作过程的同时，对事前准备及事后参与也予以重视。如理查德·杰曼等人在顾客参与的测量中就将对顾客购买产品后使用情况的相关信息作为衡量顾客参与的题项。

可见，在顾客参与的测量上，目前的定量研究绝大多数都是从参与行为的角度进行测量，只有少量研究对顾客参与意愿进行了测量。在对顾客参与行为进行测量时，主要从顾客投入资源和具体参与方式两方面展开，其中投入资源的测量主要包括时间（Cermak，1994；Youngdahl，1997；Kimmy，2010）和精力（Youngdahl，1997；Kimmy，2010）两部分。参与方式中，信息交流（Ennew，1999；Claycomb，2001；Eric Fang，2008；彭艳君，2010；Kimmy，2010）、合作生产（Ennew，

1999；Eric Fang，2008；彭艳君，2010）和人际互动（Ennew，1999；彭艳君，2010）是最普遍采用的内容，详见表 5-2。

表 5-2　顾客参与行为实证研究中的顾客参与测量内容

顾客参与的测量内容		相关研究
顾客投入资源	时间	Cermak，File & Prince，1994；Youngdahl & Kellogg，1997；Kimmy，2010
	精力（包括智力、体力和情感付出）	Youngdahl & Kellogg，1997；Kimmy，2010
顾客参与方式	信息交流	Ennew & Bink，1999；Claycomb，2001；Eric Fang，彭艳君，2010；Kimmy，2010
	合作生产	Ennew & Bink，1999；Eric Fang，2008；彭艳君，2010
	人际互动	Ennew & Bink，1999；彭艳君，2010

资料来源：作者根据文献整理而得。

在问卷普适度上有两种方式：一种是普遍适用于各种行为，即在问卷中不出现具体行业及其行为特征（Cermak，1994；Youngdahl，1997；Kimmy，2010）；另一种则根据具体行业围绕顾客参与的维度进行访谈，提炼出具体题项，该类题目内容往往具有明显的行业特征（Claycomb，2001；耿先锋，2008；彭艳君，2010）。

结合以上文献分析及顾客访谈，本书采用行为测量法对顾客信息参与和价值共创进行测量。信息参与（CPI）的维度测量借鉴以组织顾客为背景的埃里克（2008）的研究，用信息交流的时间和精力投入进行测量，包括 3 个问题，详见表 5-3。对 CPC 的测量，埃里克采用顾客对共同开发的重要性的心理认识来界定，并用顾客对其参与生产这一角色的重要性的感知进行测量，这种测量方式把态度和行为混在一起了。由于本书将顾客参与作为行为变量进行测量，所以 CPC 未采用 Eric 的测量方式，而借用合作生产的其他几个量表中的行为测量方式，结合访谈获得的行业背景，对奖励旅游顾客不同参与环节中的合作生产进行测量，共 3 个问题，详见表 5-4。该量表除了在组织顾客中不明显的人际互动外，问卷中的 6 个问题涵盖了表 5-1 中的其他 4 个方面的内容。

表 5-3 信息参与的初始量表

代码	项目
CPI1	本单位向该旅行社提出了大量本单位的要求
CPI2	本单位与旅行社销售人员沟通频繁
CPI3	本单位向旅行社提供了大量的建议以提高服务质量

表 5-4 价值共创的初始量表

代码	项目
CPC1	为了让旅行社提供的产品符合本单位的要求，本单位花费了大量时间和精力参与产品的开发
CPC2	本单位参与了大量团队活动等本单位个性化项目的开发
CPC3	本单位参与了大量本单位个性化项目的实施过程

2. 感知风险

感知风险是顾客感知到的损失（Stone，1993）。目前对消费者感知风险的测量主要有两大类：一是双因素模型的视角，二是多维度模型视角（尤丹蓉，2004；孙祥，2006）。

坎宁安（1967）提出的风险＝不确定性×后果的危害性是有关认知风险测量的第一个概念模型，被称为双因素模型。

随着研究者们对认知风险的不确定性后果理论的争议逐渐变多，一些学者开始试图转变角度，从认知风险的维度来理解这个概念，统称为感知风险的多维度模型视角。

1971 年，罗斯维斯在他的研究中提出，感知风险有 4 种类型：自我损失、机会损失、金钱损失和时间损失。

雅各比和卡普兰（1972）用 10 个问题测量消费者对 12 种产品认知到的风险，确定出 5 个风险维度，即心理风险、财务风险、绩效风险、身体风险和社会风险。他们认为，在不同的购买决策中，各个维度的相对重要性有所不同，利用这 5 个维度可以对总体认知风险做出 61.5%的解释。

斯通和格朗霍格（1993）在总结前人研究的结果上，用 18 个问题测试了感知风险的 6 个维度，并发现这 6 个维度能够解释将近 90%的总体认知风险。这 6 个维度分别是：（1）财务风险（Financial Risk），消费者所购买的产品所获得的价值无法弥补购买成本带来金钱上的损失；（2）绩效风险（Functional or Performance Risk），产品存在质量瑕疵或功能不能达到所预期的效果而产生的风险；（3）身体风险（Physical Risk），消费者在购买或使用时某一产品或服务时对身体所造成伤害的风险；（4）心理风险（Psychological Risk），产品或服务不能达到预期水平时，产生的焦虑、不安和后悔等心理伤害的风险。（5）社会风险（Social Risk），当消费者所购买的产品不被别人所认同时产生的风险；（6）时间风险（Time Risk），消费者在购买产品时，可能发生时间耗费所造成的损失。后续的许多研究均借鉴斯通的量表根据实际情境结合访谈等方法对量表进行删减或改编。

杰弗里（1999）借鉴斯通的量表根据实际情境结合访谈等方法，通过实证研究表明，尽管感知风险有多种，但他的研究中仅包括两个维度：绩效风险与财务风险。财务风险是指以费用体现的净的财务损失，比如可能产生的维修费用等未来可能产生的损失。绩效风险是指当品牌或产品表现未达到预期的状况。

耿先锋（2008）借鉴斯通的量表根据医疗业的具体背景结合访谈等方法，通过实证研究借鉴斯通的量表根据实际情境结合访谈等方法，通过实证研究测出 4 种感知风险：（1）绩效风险，就医前如果不了解病情，后面的就医过程会有障碍出现误诊；（2）时间风险，搜寻相关医疗服务信息需要花太多的时间，不值得；（3）财务风险，就医前了解病情的相关信息，是为防止医生乱开药、乱检查、多花钱；（4）心理风险，由于对医生不放心，尽力搜集相关信息，或积极地与医生配合以减少这种疑虑。

米切尔（Mitchell，1997）回顾了 120 篇关于消费者感知风险的论文，发现不同文化背景下的消费者的感知风险及减少风险的方法是不尽相同的（Mitchell，1997；Promsuwon，1998）。同时，从以上具有代表的实证研究来看，感知风险的测量在不同行业背景下结合不同的行业进行测量。本研究通过访谈识别出在奖励旅游中组织顾客感知风险主要包括斯通提出的6项维度中的绩效风险维度。结合访谈中组织顾客的主要对话，以奖励旅游为背景形成组织顾客感知风险初始量详见表5-5。

表5-5 感知风险初始量表

代码	项目
PR1	出发前会担心本单位员工参加完旅游后达不到预期的目的
PR2	出发前会担心旅行社提供的产品不能满足本单位的个性化需求
PR3	出发前会担心旅游质量不如预期的好

3. 独特性需求

独特性需求是指个人或组织通过获得、使用和处置产品及消费体验来寻求与众不同的独特的个性化特征，以发展和增强个人或组织的自我意象和社会意象。目前关于独特性需求的研究主要集中在心理学领域。

心理学对独特性需求的测量量表一般都较长，如徐岚对独特性需求的测量分为独特性产品需求和独特性体验需求，其中独特性产品需求用6个问题测量：（1）我一般是潮流领导者而不是跟随者。（2）如果产品很稀缺，我更可能会购买。（3）我更喜欢专为顾客定制的事物，而不是已经设计好的成品。（4）我喜欢一些别人没有的东西。（5）我喜欢比别人先尝试新产品和服务。（6）我喜欢逛那些销售与众不同的产品的商店。独特性体验需求用12个问题进行测量：（1）我不断地寻找新观点和新体验。（2）当我还是个小孩子时，我经常幻想只是为了要探索世界而离开家。（3）在我的日常生活和工作中，我喜欢体验新奇和变化。（4）奇异的花草和香味能强烈地吸引我。（5）设计与制图应该大胆冒险和激动人心。（6）我对于处理不同的艺术作品的各种新方式很感兴趣。（7）我喜欢思考在某些方面让人迷惑不解的图形。（8）我不会喜欢危险的运动，如攀岩、跳伞、飞行等。（9）我喜欢充满变化、多样性和能够旅行的工作，即使它可能有一些危险。（10）我喜欢不断变化的活动。（11）我喜欢和那些能给我新思想的人在一起。（12）

我不太注意周围的环境。

凯利等人用3个维度共31个问题对消费者独特性需求进行了测量（Tian，2001）。从上一量表中抽取了 3 个题目对消费者独特性需求进行了测量:（1）我经常寻找独一无二的产品或品牌以便创造自我风格。（2）产品或品牌越大众化，我越不感兴趣。（3）我认为拥有的产品与创造独特的个人形象密切相关。

可见目前对独特性需求的实证研究对象为个人消费者，对于这一变量的测量主要是从消费者个性特征方面进行测量，尚未见到在组织层面对这一概念进行实证研究。本研究借鉴消费者层面从个性特征方面进行测量的方式，从组织个性方面进行独特性需求的测量。由于组织的独特性需求尚未见到实证研究，而本研究通过访谈发现在奖励旅游中企业客户因为企业文化塑造和传达的目的,的确存在独特性需求，因此，本研究在访谈基础上进一步通过内容分析法（详见第四章）发现，企业文化是奖励旅游象征性符号行为产生的源头，企业客户的独特性需求通过企业的传达和塑造得以实现。因此本研究从传达企业文化、塑造企业文化和针对本单位的个性化设计 3 个方面进行测量，形成奖励旅游背景下的组织顾客的独特性需求初始量表，详见表 5-6。

表 5-6 独特性需求初始测量量表

代码	项目
UQ1	针对本单位的个性化设计
UQ2	组织员工旅游对于传达本单位的组织文化
UQ3	组织员工旅游对于塑造本单位的组织文化

4. 顾客知识

顾客知识是顾客投入的组成部分。斯特里特等人（2001）在医疗服务中指出顾客参与是指医患双方的各种交流事件，包括为建立医患双方的信任关系、做出医疗决策所进行的信息沟通，以及专长和观点的共享。其中专长和观点的共享则是顾客知识的维度。耿先锋（2008）将顾客参与划分为知识投入与精力投入。虽然知识投入也涉及时间和精力，但将这一维度单独提出，与那些只需要简单的时间和精力不需要太多专业知识的投入相区分。本书结合访谈内容综合以上文献，用 3 个问题对奖励旅游背景下的顾客知识进行测量，详见表 5-7。

表 5-7　顾客知识初始测量量表

代码	项目
KN1	本单位了解旅行社的运作
KN2	本单位有丰富的与旅行社合作的经验
KN3	我们能让旅行社准确理解本单位的需求

5. 信任

学者们对“信任”这一术语的界定不尽相同，但他们几乎都隐含着一个共同的观点，即“相关一方持有对另一方的行动和结果会令自己满意的一个积极的信心、态度和预期”（曹玉玲，2008）。回顾以前的信任研究文献，我们发现，有关信任的研究大多着眼于个体之间的信任，以及个体与企业之间的信任，而对企业之间的相互信任则研究较少（李永，2006）。因此研究企业间的信任也借鉴个体信任的相关研究。

佐古（Sako）在 1992 年区分了 3 种信任类型：（1）契约信任，即其他方是否会执行他的契约协议；（2）能力信任，即其他方能否做他所说要做的；（3）意愿信任，即其他方是否会做出无限制的承诺来采取互利的行动，避免利用不公平的利益。

多尼和坎农（1997）从组织间的信任以及组织间人际信任两个层次对组织间信任进行了研究。王永贵（2006）对信任的测量也沿用了这一思路，对信任的测量既包括了对企业的信任，也包括了对企业员工的信任，共 3 个问题：（1）与顾客保持良好关系的努力，使我对自己与该企业的关系充满信心。（2）员工拥有的专业知识和人格魅力，使我对他们的建议感到信任。（3）员工能够设身处地为顾客的利益着想，使我对他们的建议感到信任。

本研究结合访谈，借鉴以上文献对奖励旅游背景下组织顾客的信任，用 3 个问题进行测量：（1）本单位信任这家旅行社。（2）本单位相信这家旅行社能够设身处地地为顾客的利益着想。（3）这家旅行社的销售人员很专业，本单位对他们的建议感到信任。该测量包括了对企业和企业员工的信任，在信任类型上包括了能力信任和意愿信任的内容，详见表 5-8。

表 5-8　信任的初始量表

代码	项目
TR1	本单位信任这家旅行社
TR2	本单位相信这家旅行社能够设身处地地为顾客的利益着想
TR3	这家旅行社的销售人员专业，本单位对他们的建议感到信任

6. 顾客价值

顾客价值一直被视为营销学的核心概念（Woodruff，1997），为顾客提供价值被视为所有市场营销活动的基础（Holbrook，1994），也是企业经营的根本目标（Slater，1997）。

关于顾客价值，不同的研究者从不同的角度进行了分类，究竟哪种分类方式更为适用目前尚无定论（Brock Smith，2007）。

帕克等人（1986）把顾客价值描述为 3 种基本价值，即功能性价值、象征性价值和体验性价值。功能性价值是指解决消费相关的核心问题的价值。象征性价值是指与自我提高、角色地位、群体关系以及自我认同相关的内心产生的价值。体验性价值是指与提供感官刺激、愉悦及新奇的相关价值。这一类别划分没有论及顾客价值的成本方面，对于这些价值的次级变量也未作交待。

谢思等人（1991）把顾客价值总结为五类：功能价值、社会价值、情感价值、认知价值和其他价值。功能价值是指顾客感知的来自产品功能、实用性和物理特征等方面的实用价值。社会价值是指由人口统计指标、社会经济指标及文化等指标划分的参考群体相关的社会形象与象征价值。情感价值是指引发舒适、安全、兴奋、浪漫、激情、恐惧或内疚等与情绪相关的价值。认知价值是指满足好奇心、增加知识的价值。这一类别也没有论及顾客价值的成本方面。

布洛克・史密斯等人（2007）提出致力于识别顾客感知价值的主要类别，而非覆盖顾客感知到的所有价值。将顾客价值分为四类：

（1）功能价值是指产品或服务的效用及功能。伍德拉夫（1997）

概括了三个方面：首先是能准确地满足顾客需要的属性，包括美观、质量、定制化及创造性等方面。其次是绩效优良，如可靠性、实际质量、支持性服务结果。最后是结果优良，如有效性，以及运作方面及环境方面的收益。

（2）体验价值或享乐价值。产品能够为顾客提供特定的体验、情绪及情感等。谢思（1991）、霍尔布鲁克（1999、2005）和拉皮埃尔（2000）等把与群体认同相关的友谊信任等社会价值也归入体验价值。谢思（1991）和拉皮埃尔（2000）把认知价值也纳入体验价值，认为与满足好奇、新鲜、知识或幻想相关的认知价值也属于体验价值。

（3）象征价值是指顾客附加到产品或服务上的心理价值。与自我概念相关或具有个人独有的象征意义的价值，是自我表达的一种方式。

（4）成本感知。董大海、杨毅（2008）研究网络环境下的消费者感知价值，认为消费者价值由结果性价值、程序性价值和情感性价值构成。结果性价值是消费者感知网络渠道所提供的产品和服务能够满足其需求程度的偏好和评价。结果性价值体现在下列两个方面：产品的质量及其内在的消费价值，也就是让消费者感知到，通过网络渠道购买的产品与接受的服务是物有所值的；在互联网渠道中，消费者感知到能获得更多的信息和知识，能有更多的选择，从而制定出更好的购买决策。程序性价值是消费者感知网络渠道提供产品的过程能够满足其需求程度的偏好和评价。产品的提供过程包括消费者在网络渠道中寻找产品、下单订购、产品接收和意见反馈 4 个方面。情感性价值是消费者感知网络购物满足其情感需求的程度的偏好和评价。现代消费者更加注重精神的愉悦、个性的实现，以及情感的满足等高层次的需要满足，希望在购物中能随便看、随便选，保持心理状态的轻松、自由，最大程度地得到自尊心上的满足。

以上几类价值划分方式总的来说既包括了顾客从核心产品和服务中所获得的收益，也包括了顾客从服务过程、自身情感、自我概念和自我表达等非核心产品和服务中获得的收益。

克莱恩等人（2000）提出顾客参与可能获得效率的提升和情感收益等感知收益的提升。

吉米等人（2010）用经济价值和关系价值测量顾客价值，认为经济价值是与核心产品或服务相关的收益与成本之差，从是否提高了服务质量、是否获得了更加个性化和更专业的服务、是否增加了对服务风险的控制和是否减少了服务失败等方面进行测量，与之前的功能性价值相仿。关系价值是指顾客从与企业的长期关系中获得的超越核心服务表现的收益。关系价值的测量包括3个问题：①是否有助于顾客与服务提供者建立良好的关系；②是否使顾客获得服务提供者的关系认可；③是否使服务互动更愉悦。然而与服务提供者建立良好的关系或者获得服务提供者的关系认可到底给顾客带来哪些价值的问题并未见探讨。对关系价值的文献进行回顾，发现许多测量都与吉米的关系价值测量方式类似，都测量到建立了良好的关系为止，而关系价值的核心应该是顾客最终从这种关系中所获得的收益，所以用这种方式来测量关系价值是欠妥的。格温纳等从顾客最终收益角度对关系价值进行了界定，指出顾客在与企业的关系中可以获得以下3种主要类型的收益：信任收益、社会收益和特惠收益（Gwinner et al.，1998）。其中，信任收益最重要，因为它增加了顾客对供应商的信任，从而减少了感知风险并且有助于建立合理的服务预期（Berry，1995；Bitner，1995；Hennig，2002）。社会收益是指顾客在与供应商的长期关系中获得的利益，如能被供应商的员工认出，享受友好服务和与供应商的员工建立友谊等（Berry，1995；Gremler & Gwinner，2000）。特惠收益是指顾客从与供应商的关系中获得的其他顾客不具有的特殊待遇，如特别折扣等经济收益和其他个性化需求的满足等（Gwinner，1998；Reynolds & Beatty，1999）。王永贵在对中国的快餐企业顾客进行实证研究时识别出顾客关系收益的经济收益和社会收益两个维度（王永贵，2008）。关系收益中经济收益的3个问题：①由于与该企业保持关系，是否会被认为是更有价值的顾客而获得优待；②与该企业的长期交易，是否能使顾客获得价格上的优惠；③与该企业保持联系，是否能使顾客节约成本。关系收益中社会收益的4个问题：①与该企业销售人员的关系，对于顾客而言是否很重要；②顾客是否喜欢花时间与该企业的销售人员接触；③与该企业保持联系，是否能使顾客感到骄傲或“有面子”；④顾客是否喜欢与该公司打交道。综上所述，从顾客的角度来看，关系能给顾客带来的价值最后都可用经济收益和体验收益来概括。如格温纳的信任收益，通过增加顾客对供应商的信任减少感知风险，实际带给顾客的价值就是增加了经济价值和体验价值。再如概括顾客从与供应商的关系中获得的其他顾客不具有的特殊待遇特惠收益，最后带给顾客的价值也不外乎特别折扣等经济收益和其他个性化需求的满足等带来的经济收益和体验收益。顾客参与使顾客获得服务提供者的关系认可，使服务互动更愉悦等关系带来的社会收益实际上也是顾客的一种体验收益。因此本研究认为关系价值并非顾客的最终收益，只是一个中间变量，对于顾客收益的测量不宜采用关系价值。

以上顾客价值多是在消费者层面进行的研究，本书针对组织顾客的深度访谈发现，组织顾客的体验价值维度未得到验证，而将顾客参与与组织企业文化表达相联系的象征价值得到验证。因此，本书将顾客价值从实用价值、象征价值和成本感知 3 个方面进行测量。其中实用价值（Kodzi，2006），是指组织在产品表现及实用结果等方面的收益，用 EB1-EB3 测量。象征收益（Kodzi，2006），是指组织在自我表达及风格等方面的收益，用 SB1-SB3 测量，感知成本借鉴布洛克·史密斯（2007）和迪帕克（2002）的测量方法，从时间、精力和价格 3 方面进行测量（见表 5-9）。

表 5-9　顾客价值的初始量表

代码	项目
PC1	对于花费的时间，本单位认为合理
PC2	对于付出的精力，本单位认为值得
PC3	对于此次旅游支付的价格，本单位认为合算
EB1	本次旅游产品质量高
EB2	本次旅游的产品能满足本单位的个性化需求
EB3	本单位员工旅游后对此次旅游的反应好
SB1	本次旅游增强了团队凝聚力
SB2	本次旅游很好地传达了本单位的企业文化
SB3	通过本次旅游，本单位的企业文化得到了提升

5.2.2 问卷的设计与修正

在问卷内容设计上，李怀祖（2004）认为，问卷的题项不宜太多，以便受访者能在短时间内完成，问卷内容应该简洁明了，只包括与研究目的有直接关系的问题。本研究问卷的填写对象为组织顾客，问卷发放与填写难度较大，为保证受访者反馈的质量，本研究在问卷设计时非常重视精简原则，每个构念设计 3 个问题，最后问卷长度不超过 2 页 A4 纸，所有问题项合计少于 40 个。

在问题的形式设计上，本研究问卷全部采用封闭式问题。问卷的主要题项采用李克特五级量表进行测量，每个项目分别给予 1～5 的量化分数。独特性需求的 3 个题目测的是顾客对独特性相关项目重要性的差别，用“1”表示非常不重要，“2”表示不太重要，“3”表示说不清，“4”表示较重要，“5”表示非常重要。其他项目采用李克特五级量表进行测量时，“1”表示完全不同意，“2”表示不太同意，“3”表示说不清，“4”表示较同意，“5”表示完全同意。控制变量中单位所属行业和所在城市采用类别量表进行测量分组。与旅行社合作次数、组织员工旅游的次数以及人均花费等问题则采用顺序量表进行测量。

测量问卷中大部分构念的量表借鉴的是国外研究人员的成果，为了便于受访者理解并对问题做出准确回答，本研究问卷的设计是一个不断修正的过程，经过前测对各题项的翻译措词、表述方式和问卷内容进行了反复修改。首先将英文量表项目翻译成中文，再由另外的同事将中文版本回译为英文，并根据回译中发现的问题两次对中文译文进行修正，从而保证翻译过程中的等效性。问卷初稿首先拿给同事和同学看来征求意见，修改之后拿给旅行社奖励旅游的相关负责人员从实践方面提出修改建议。修改之后在珠三角邀请 20 家企业填写问卷，并就问卷题项与所测构念的一致性等提出意见。总体反映问卷调查内容适合，但对以下 4 个变量的内容提出了修改意见：（1）UN1 针对本单位的个性化设计与另两个题项传达企业文化和塑造企业文化内容交叉较严重，因为正是出于传达企业文化和塑造企业文化的目的，企业的要求呈现个性化，可见传达企业文化和塑造企业文化是企业独特性需求的本源。(2) KN3 让旅行社准确理解本单位的需求被认为跟 KN1 和 KN2 的内容一致性较差，前两个选项是从顾客单方面的知识来界定顾客知识，而 KN3 则不是顾客单方面能决定的，还可能牵涉到“旅行社的知识”。(3) EB3 本单位员工旅游后对此次旅游的反应好容易让人感觉测的是参加奖励旅游的消费者的层面，而另外两个题项“本次旅游产品质量高”和“本次旅游产品符合本单位的需求”是测的企业层面，可能造成个人和企业两个层面的混淆测量。(4) SB1 增强了单位的团队凝聚力与另两个选项传达企业文化和塑造企业文化内容交叉较严重，因为正是奖励旅游通过传达企业文化和塑造企业文化都将增强团队的凝聚力。因此，综合各方意见，删除以上四个测项，形成最终问卷测项。

在问卷的结构安排上，问卷开头用卷首语，表明本研究结果会有利于旅行社更好地为贵公司服务。人们更愿意对符合自己兴趣的调查做出回应（Dillman，1978），然后对企业中由谁来填写给予了提示，并加粗，以保证关键信息人的填写能代表企业的实际情况。同时，我们提供了信息保密和仅用于学术研究的承诺，以保证数据的真实性。另外，为了进一步降低敏感度，本研究将涉及组织基本情况的控制变量放在问卷的最后。

5.2.3 数据的分析方法

本研究主要使用 AMOS 和 SPSS 软件进行数据处理。SPSS（Statistical Package for the Social Science，社会科学统计软件包）是当今国际上较为流行的统计软件之一（邓颖翔，2011），在管理学和营销学领域较为常用（吴明隆，2010）。本书通过 SPSS 对数据进行描述性统计分析、信度分析以及回归分析。运用 AMOS 通过验证性因子分析对量表的组合信度以及建构效度进行检验。

1. 描述性统计分析

描述性统计分析旨在对整体数据作一个总结性描述，除了控制变量外，还对每个构念测量问题项进行描述，这些描述包括平均值和标准差。通过这两个指标，看是否存在引起极端或者不合理的数据，为后面的信度、效度及回归分析提供高质量的数据。同时，描述性统计分析还包含对样本基本数据的描述，对各变量的频数分配及百分比进行分析，以了解样本分布情形。

2. 信度和效度分析

信度是测量结果具有一致性或稳定性的程度。信度主要检测所收集的数据的可靠性。主要从内部一致性方面进行测量。高的信度表示测量工具具有一致性和精确性，是可依赖的。但是高的信度并不代表测量的结果具有真实性，高信度的测量工具有可能测量的结果并不是理想的，一个科学的测量工具不仅要测量可靠，还要做到测量真实。如果一份资料的效度不好，就算信度再高，这份资料也是没有价值的，因此还需要对测量工具的效度进行检验。效度是指测量工具所测构念的正确性和真实性，效度越高，表示问卷越能测量到试图测量的概念。

（1）信度分析

在李克特态度量表法中常用的信度检验方法为克朗巴哈系数（Cronbach's alpha 或 Cronbach's α）。内部一致性系数要多大才能表示测验的分数是可靠的？吴明隆对前人的研究进行了综述：根据亨森（2001）的观点，认为这与研究目的和测验分数的运用有关，如使用者的目的在于编制预测问卷，测量某构念的先导性，信度系数在 0.50～0.60 已足够。当以基础研究为目的时，信度系数最好在 0.80 以上，以发展测量工具为目的，信度系数应在 0.70 以上。有的研究者则认为对于一般性的研究而言，内部一致性估计值普遍可接受的数值为 0.80（Log，2001）。学者盖伊（1992）则认为任何测验或量表的信度系数如果在 0.90 以上，表示量表的信度甚佳。在社会科学领域中，可接受的最小信度系数值是多少尚无定论，总体来说，克朗巴哈（Cronbach's alpha）系数在 0.70 以上才是较佳的信度（Hair，1998），在实际的研究中有很多研究系数低于 0.70 也经常被接受，但一般来说都需要大于 0.60。

还可以通过通过组合信度对单一构念的信度进行评估。每个潜变量的组合信度由所有可观察变量的信度组成，其值最好在 0.60 以上（Fornell，1982）

（2）效度分析

效度一般包括内容效度和建构效度。本书主要用专家判断法来检测量表的内容效度。应用 AMOS 软件采用验证性因子分析来检验结构效度中的收敛效度和区分效度。利用验证性因子分析对收敛效度进行测量时，若每个题项对其潜在变量的估计参数都有意义，则该变量的测量量表具有收敛效度。区分效度一般用结构方程模型中潜在变量的平均因子负荷（AVE）来衡量，AVE 越高的潜在变量就具有越高的区分效度，一般 AVE 值在 0.50 以上则代表潜在变量具有良好的区分效度。

3. 相关分析

相关分析主要是评估变量之间联系的紧密程度，主要通过相关系数进行衡量。本研究采用的相关系数为 Pearson 相关系数，用于衡量变量之间的线性相关程度。

4. 回归分析

回归分析是用于研究具有一定相关趋势的变量之间的相关关系。本研究应用 SPSS 软件对相关系数达到显著的变量之间进行回归分析。

5.2.4 数据收集

1. 研究对象与问卷填写者

由于本研究调查的是采用奖励旅游的企业在旅行社奖励旅游产品开发与实施过程中的参与行为，而非参与奖励旅游的单位员工的旅游行为，所以本研究的调查对象是采取奖励旅游作为激励手段的企业，每个企业为一个样本，因此采用关键知情人填写的方式，由每个单位的关键知情人代表本单位填写一份问卷。为了确保填写人有足够的知识来填答问卷，本研究所设定的问卷填写者是企业组织奖励旅游时负责与旅行社沟通的联络人，由于他们了解企业组织奖励旅游整个过程中与旅行社联络的情况及企业参与产品设计和服务实施过程，因此可以视为本单位奖励旅游参与情况的关键知情人。

2. 抽样方法

本研究首先尝试了国外类似研究常用的间接调查方法，即将问卷发给旅行社，然后再让其转发给其客户单位。但是事实证明这种方法几乎行不通，被调查企业反映奖励旅游容易被人误认为是公费旅游，因此客户对这种调查很敏感，这使旅行社很担心会因此而影响与客户的正常业务，而不愿转发。而且中间环节的增加，也可能增加问卷填写人不是我们要求的组织奖励旅游时与旅行社联络的负责人的概率。因此，本研究放弃间接调查方法，直接向奖励旅游客户单位派发问卷。

在抽样方法上，有概率抽样和非概率抽样两大类。概率抽样在理论上有优势，但概率抽样在实际操作中也存在困难。王小鲁（2010）在《搞清收入分配现状是统计机关和学者的共同责任》一文中指出，抽样方法的“科学性”，不能弥补数据失真导致的非抽样误差。他们在调查中发现，如果没有有效措施，70%的高收入户有报低收入的倾向，而且报出的收入与他们的真实收入相差好几倍。因此对于社会调查的评价，首先应该是结果的真实性，而不能满足于理论上的“科学性”。他们改用通过各地的专业调查人员直接以他们熟悉的人群为调查对象来收集数据后，由于调查人员基本了解调查对象的家庭经济状况，并且彼此间存在一定的信任关系，使得严重低报收入的情况大大减少。

德思潘德和法利（2004）在越南将100家企业的随机样本和来自27名一起参加高级培训项目的经理填写的相似企业样本进行对比分析，结果表明，与随机样本和方便抽样抽取的样本每一个题项的平均值或方差都没有差异，这说明方便样本所提供的信息也是有用的。

由于研究时间和研究经费的限制和采用概率抽样实际操作的困难，本研究沿用德思潘德和法利（2004）的做法，采用非概率抽样对数据进行收集，在最大程度反映企业真实情况的基础上，对该领域的研究做出贡献。

3. 问卷的发放与回收

调查问卷采用调查对象自填式留置问卷形式。在问卷的具体发放和回收上，通过电子邮件、即时通信软件（QQ）向网上好友发放，同时结合纸质问卷向熟人派发的方式。在派发前，首先询问对方企业最近一年有没有通过旅行社组织员工奖励旅游，只有对方回答“有”才向其发放调查问卷，并告知每个单位只需填写一份，委托其将问卷转给组织奖励旅游时负责与旅行社进行沟通的联络人填写。在问卷发送后的两个星期，通过电话或网络等方式与对方负责人保持联系，进行催收，以提高问卷回收率。

本节介绍了本书定量研究部分的研究过程，明确了定量研究的程序、问卷调查的实施步骤、采用的主要分析方法以及数据收集方法等。重点对相关变量的操作性定义以及来源进行了描述，并通过预试对问卷量表进行了修正，形成了最终的问卷量表。

5.3 数据分析与结果检验

5.3.1 样本与数据概况

2011 年 5 月至 12 月期间，通过互联网向最近一年来通过旅行社组织过员工奖励旅游的 236 个单位发放了调查问卷，每个调研单位发放一份，共 236 份。由于问卷对填写者要求较高，要求组织奖励旅游时负责与旅行社进行联络的人员填写，为了保证填写对象符合要求，本研究的问卷发放遵循便利性抽样原则，本次调研企业都事先通过熟人或朋友沟通好，对方配合度较高，且发放前先询问对方最近一年来单位有没有通过旅行社组织过员工奖励旅游，回答“有”的才发放，因此本研究的样本回收率较高，最终收回的有效样本（剔除空白、数据缺失过多及随意填写的问卷）为 210 份，有效样本率为 88.75%。

样本总体情况如表 5-10 所示。样本企业中，回头客比较多，只有 36.2%是新顾客，超过 60% 都与最近选择的一家旅行社有两次以上的购买。

表 5-10　样本企业特征

基本特征	分类	样本数目	百分比
与旅行社合作次数	1 次	76	36.2
	2 次	59	28.1
	3 次	37	17.6
	4 次以上	38	18.1

续表

基本特征	分类	样本数目	百分比
行业	农林牧渔	7	3.3
	工业和建筑业	37	17.6
	流通业	29	13.8
	技术服务业	18	8.6
	文教、科研和卫体业	82	39.0
	党政机关	9	4.3
	其他	28	13.4
包团旅游的年平均次数	1 次	80	38.1
	2 次	86	40.9
	3 次	22	10.5
	4 次以上	22	10.5
包团旅游的年人均花费	1000 元以内	78	37.1
	1001～3000 元	60	28.6
	3001～5000 元	51	24.3
	5001 元以上	21	10.0
最近一次包团旅游的人均花费	1000 元以内	89	42.4
	1001～3000 元	56	26.6
	3001～5000 元	47	22.4
	5001 元以上	18	8.6
所在城市	广州	108	51.4
	东莞	22	10.5
	深圳	28	13.3
	重庆	6	2.9
	其他	46	21.9

样本企业所处行业三大产业均有涉足，其中以文教、科研和卫体业为主，共 82 家，所占比例达到 39%。其次是工业和建筑业 37 家，流通业 29 家，分别占 17.6%和 13.8%，这三类行业企业所占比例达 70%。

样本企业中有80家年均组织员工奖励旅游1次，所占比例约38%，

62%的企业年均组织员工奖励旅游 2 次以上。

样本企业中有 10%用于员工奖励旅游的年人均花费超过 5000 元，年人均花费 1000 以内的企业占样本企业的比重最高，约占 37%。最近一次包团旅游的人均花费状况与年人均花费情况相近，8.6%的样本企业用于员工奖励旅游的年人均花费超过 5000 元，年人均花费 1000 以内的企业占样本企业的比重最高，约占 42%。

样本企业所在城市以珠三角为主，其中广州的有 108 家、东莞有 22 家、深圳有 28 家，其所占样本企业比例分别为 51.4%、10.5%和 13.3%。

5.3.2 信度与效度

在实证研究中，必须对采用的量表进行评价，以确保它能够稳定、有效地反映所研究的对象。在测量中，一般运用信度来检验结果的内部一致性、稳定性及可靠性。运用收敛效度和区分效度来检验可观察的测项所形成的潜变量是否就是研究中所需要测量的构念。

1. 信度分析

信度（Reliability）是指测验或量表工具所测得结果的稳定性和一致性，量表的信度越大，则测量标准误差越小（吴明隆，2010）。评定测试工具信度的方法有很多，通常有内部一致性信度、折半信度、重测信度和平行信度等。

本研究运用两个方法来共同评价量表的信度，第一种方法是使用克朗巴哈系数（Cronbach's α），在社会科学领域中有关李克特量表的信度估计，采用最多的为克朗巴哈系数，又称为内部一致性 α 系数。经验表明，当 Cronbach's α 系数达到 0.70 水平，测试工具就符合了评价理论的基本要求。另一种方法是利用组合信度进行分析（Bagozzi，1998；Fornell，1981）。

（1）Cronbach's α

Cronbach's α 信度分析结果如表 5-11 所示，所有构念的 Cronbach's α 系数都超过了 0.70，显示出本研究量表具有良好的内部一致性，符合内部一致性信度要求，可以进行后续研究。

表 5-11　变量的 Cronbach's α 系数值

变量	题项数	信度 Cronbach's α
独特性需求	2	0.883
顾客知识	2	0.748
感知风险	3	0.822
信任	3	0.770
顾客参与	6	0.830
感知成本	3	0.787
实用收益	2	0.772
象征收益	2	0.886

总体信度：0.757。

（2）组合信度

组合信度越高就表明同一潜变量下的各观察变量间的相关性越高，即观察变量能够很好测量出它所衡量的潜变量。组合信度与 Cronbach's α 作用类似，但组合信度的计算考虑了量表中问题项的权重（Fornell，1981），高的组合信度也表示研究变量具有很好的内部一致性。组合信度的具体结果如表 5-12 所示。

表 5-12　组合信度和效度

潜变量	观测变量	因子负荷	组合信度	AVE
信任（TR）	ts1	0.619	0.7764	0.5395
	ts2	0.810		
	ts3	0.761		
感知成本（PC）	pc1	0.856	0.8062	0.5883
	pc2	0.841		
	pc3	0.570		
经济价值（EB）	eb1	0.780	0.7722	0.629
	eb2	0.806		
象征价值（SB）	sb1	0.893	0.8857	0.7948
	sb2	0.890		

续表

潜变量	观测变量	因子负荷	组合信度	AVE
感知风险（PR）	pr1	0.749	0.8222	0.6068
	pr2	0.797		
	pr3	0.790		
顾客知识（KN）	kn1	0.737	0.7493	0.5996
	kn2	0.810		
独特性需求（UN）	un1	0.953	0.8875	0.7986
	un2	0.830		
顾客信息参与（CPI）	cp1	0.718	0.8007	0.5729
	cp2	0.787		
	cp3	0.764		
价值共创（CPC）	cp4	0.559	0.8131	0.6004
	cp5	0.883		
	cp6	0.842		

顾客信任量表的组合信度为 0.7764；感知成本量表的组合信度为 0.8062；经济价值量表的组合信度为 0.7722；象征价值量表的组合信度为 0.8857；感知风险量表的组合信度为 0.8222；顾客知识量表的组合信度为 0.7493；独特性需求量表的组合信度为 0.8875；顾客信息参与量表的组合信度为 0.8007；价值共创共同创造量表的组合信度为 0.8131。通过结果我们得知，所有研究构念的组合信度值均大于 0.7，显示出所有构念的量表均具有很好的内部一致性。

综上，运用 Cronbach's α 和组合信度两种方法对每个研究构念的信度分析结果共同显示：所有研究构念的量表都具有较好的信度，即较好的内部一致性。

2. 效度分析

效度是指测评工具究竟在多大程度上获得了真正想要测评对象物质的真实性和准确性的程度，即测评的有效程度。效度越高则表示测试结果所能代表测评对象特质的真实程度越高，越能够达到评价的目的。对测量模型效度的检验一般要考察内容效度和建构效度。

（1）内容效度

内容效度是指一个测评工具测试的内容与所要测评的内容之间的吻合程度，即内容效度是检验由概念构思到评价指标的经验推演是否符合逻辑，是否是有效的检验指标（戴海崎，2002）。

由于本研究所建立的量表是在文献综述的基础上，结合对企事业单位相关人员的深度访谈，并争取了相关领域专家的意见的基础上发展起来的。

在设计问卷时，为了提高测量量表的内容效度，本研究将设计好的问卷初稿发给了在校的同事和同学，请他们对问卷内容、表达及措词等提出修改意见和建议，根据这些反馈意见对问卷进行了修改。修改后的问卷又拿给旅行社组织奖励旅游的人员和企事业单位组织员工奖励旅游时与旅行社联络的人员，请他们从实践方面给出修改建议。2011 年 4 月，邀请广州的 20 家企业对问卷进行了预测试，根据调查结果反映出来的问题又对问卷的部分格式和内容进行了修改，并形成最终的调查问卷，因而也进一步提高了问卷测量的内容效度。

（2）建构效度

行为及社会科学研究领域中，在建构效度的检验上最常使用的方法是因素分析（吴明隆）。本研究利用 AMOS 软件通过验证性因子方法分别对量表的收敛效度和区分效度进行检验。在收敛效度上，主要使用的是平均变异抽取量（AVE）指标，在区分效度上，主要使用的 AVE 和相关系数平方和比较法（Formell，1981）。

①收敛效度

本书用因子负荷和平均变异抽取量（AVE）共同评价量表的收敛效度，良好的收敛效度要求验证性因子分析中的因子负荷大于 0.5，AVE 大于 0.5（Barclay，1995）。所有构念的因子负荷和 AVE 值都大于最低要求的 0.5，因此本书研究构念的测量量表具有较好的收敛效度。

②区分效度

区分效度考察的是不同变量测量之间的差异化程度（Simonni，1999）。本书采用的是 AVE 和相关系数平方和比较法，即通过衡量构念与其他构念之间的相关性得出，要求相关系数的平方小于 AVE 值（Formell，1981）。构念之间的相关系数平方最大的为感知成本和实用价值，它们之间的相关系数为-0.5410，相关系数平方为 0.2927，远远小于所有的 AVE 值，因此本研究构念的测量量表具有较好的区分效度。

3. 验证性因子分析

本研究运用验证性因子分析对观察变量与潜变量之间的假设关系是否与数据吻合进行判断，如果观察变量与潜变量的假设关系在验证性因子分析中具有较好的拟合度，则说明量表也具有较好的构念效度。

图 5-2 为本研究构念的测量模型，通过对其进行验证性因子分析，结果显示，拟合优度指数分别为：X^2/df=1.392、GFI=0.901、CFI=0.964、NFI=0.885、AGFI=0.859、RMSEA=0.043，GFI 和 CFI 达到大于 0.9 的最佳标准，虽然 NFI 和 AGFI 未能达到大于 0.9 的最佳标准，但已处于可接受范围，总体来看，测量模型具有很好的拟合度。

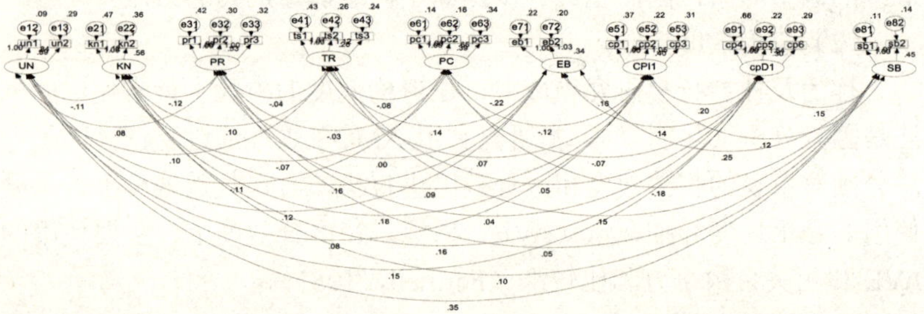

	X2/df	GFI	CFI	IFI	NFI	AGFI	RMSEA
最佳标准	1-3	大于 0.9	大于 0.9	大于 0.9	大于 0.9	大于 0.9	小于 0.08
模型值	1.392	0.901	0.964	0.965	0.885	0.859	0.043

图 5-2　研究模型验证性因子分析终解路径图

5.3.3 相关分析

皮尔逊（Pearson）相关分析如表 5-13 所示。

表 5-13 Pearson 相关分析

变量	独特性需求	实用价值	象征价值	感知成本	CPI	CPC	顾客知识	信任	感知风险
独特性需求	1								
实用价值	0.191**	1							
象征价值	0.494**	0.523**	1						
感知成本	-0.163*	-0.541**	-0.379**	1					
CPI	0.087	0.351**	0.240**	-0.248**	1				
CPC	0.215**	0.362**	0.326**	-0.164*	0.520**	1			
顾客知识	-0.101	0.284**	0.173*	-0.121	0.288**	0.340**	1		
信任	0.196**	0.368**	0.369**	-0.249**	0.208**	0.170*	0.206**	1	
感知风险	0.079	-0.001	0.078	0.027	0.149*	0.084	-0.174*	-0.068	1

说明：*. p<0.05；**. p<0.01；***. p<0.01，N=210。

其结果显示：

独特性需求与顾客的实用价值、象征价值、感知成本，顾客合作开发（CPC）和顾客信任间两两相关的相关系数都能达到 0.01 的显著水平，这表示独特性需求与以上研究构念在一定程度上均具有相关性，而且两者间的相关系数均小于 0.8，显示这 6 个变量之间没有多重共线性，适合进行回归分析（Chartterjee，1999）。其中，独特性需求与顾客象征价值的相关系数最大（相关系数为 0.494），这说明独特性需求与象征价值关系最紧密。独特性需求与感知成本负相关显著（相关系数为-0.163），这说明独特性需求越高，顾客对感知成本越低。独特性需求与 CPI 的相关系数在 0.05 水平上不显著，假设 H2a 未得到支持。

信任与顾客的实用价值、象征价值、感知成本、CPI、CPC、独特性需求和顾客知识间两两相关的相关系数都能达到 0.05 的显著水平，这表示信任与除感知风险外的其余 7 个研究构念在一定程度上均具有相关性，而且两者间的相关系数均小于 0.8，显示这 8 个变量之间没有多重共线性，适合进行回归分析（Chartterjee，1999）。

顾客知识与顾客的实用价值、象征价值、CPI、CPC、信任和感知风险间两两相关的相关系数都能达到0.05的显著水平，这表示顾客知识与以上6个研究构念在一定程度上均具有相关性，而且两者间的相关系数均小于0.8，显示这8个变量之间没有多重共线性，适合进行回归分析（Chartterjee，1999）。其中，顾客知识与感知风险呈显著负相关（相关系数为-0.174*），这说明顾客知识越丰富，顾客感知到的感知风险越低。

感知风险仅与CPI和顾客知识相关系数达到0.05的显著水平，这表示感知风险只适合与以上2个研究构念在一定程度上具有相关性，两者间的相关系数均小于0.8，显示这3个变量之间没有多重共线性，适合进行回归分析（Chartterjee，1999）。感知风险与CPC的相关系数未达到0.05的显著水平，假设H1b不成立。感知风险与顾客实用价值、象征价值和感知成本的相关系数均未达到0.05的显著水平，这说明本研究中感知风险对顾客价值的影响不显著，中介变量需满足以下3个条件：（1）自变量对中介变量有显著影响关系；（2）自变量对因变量有显著影响关系；（3）中介变量对因变量有显著的影响关系（Baron，1986），因此价值共创不符合感知风险与顾客价值间的中介变量的条件，H8未得到支持。

CPI与顾客知识、感知风险、信任、CPC、顾客的实用价值、象征价值和感知成本间两两相关的相关系数都能达到0.05的显著水平，这表示顾客知识与以上7个研究构念在一定程度上均具有相关性，而且两者间的相关系数均小于0.8，显示这8个变量之间没有多重共线性，适合进行回归分析（Chartterjee，1999）。在CPI与顾客价值的三个构念中，其与实用价值的相关系数最大（相关系数为0.351**），这说明CPI与顾客的实用价值关系紧密。CPI与独特性需求相关系数未达到0.05的显著水平，这说明独特性需求对CPI的影响作用不显著，H2a未得到支持，根据Baron（1986）所列中介变量的条件，因此CPI对独特性需求的中介传导作用的前提条件不具备，CPI在独特性需与顾客价值间的中介作用未得到验证，即假设H9a、H9c和H9e未得到支持。

CPC 与顾客的实用价值、象征价值、感知成本，CPI、独特性需求和顾客知识间两两相关的相关系数都能达到 0.05 的显著水平，这表示信任与除感知风险外的其余 6 个研究构念在一定程度上均具有相关性，而且两者间的相关系数均小于 0.8，显示这 7 个变量间没有多重共线性，适合进行回归分析（Charterjee，1999）。CPC 与顾客价值中的顾客收益的两个维度，即实用价值和象征价值的相关系数（分别为 0.362 和 0.326）均高于 CPI 与这两个构念的相关系数。在顾客价值的三个构念中，其与实用价值的相关系数最大（相关系数为 0.351 和 0.240），这说明与 CPI 相比，顾客的合作开发行为与顾客收益关系更紧密。

5.3.4 模型及假设检验

1. 价值共创的前因变量

（1）信息参与（CPI）的前因变量

在前因变量中，感知风险、信任和顾客知识与 CPI 显著相关，因此将它们进一步作回归分析，结果如表 5-14 所示。

表 5-14　CPI 的前因变量多元回归分析

前因变量		CPI	
		模型 01	模型 02
控制变量	贵单位与旅行社合作次数	0.145	0.052
	所属行业	−0.012	−0.002
	去年组织员工旅游次数	−0.079	−0.067
	去年用于员工旅游的人均花费	0.131	0.115
	最近一次用于员工旅游的人均花费	−0.013	−0.009
	所在城市	0.089	0.038
自变量	感知风险		0.211**
	顾客知识		0.258***
	信任		0.154*
ΔR^2 F		0.051	0.116***
Change		1.828	9.243***

说明：*. p<0.05；**. p<0.01；***. p<0.01，N=210。

从表 5-14 可知，感知风险对 CPI 的正向影响显著通过检验（模型 02，beta=0.211，P<0.01），因此假设 H1a 得到支持。信任对 CPI 的正向影响显著通过检验（模型 02，beta=0.154，P<0.01），因此假设 H3a 得到支持。顾客知识对 CPI 的正向影响显著通过检验（模型 02，beta=0.258，P<0.01），因此假设 H4a 得到支持。

（2）价值共创（CPC）的前因变量

在前因变量中，独特性需求、信任和顾客知识与 CPC 显著相关，因此将它们进一步作回归分析，结果如表 5-15 所示。

表 5-15　CPC 的前因变量多元回归分析

前因变量		CPC	
		模型 01	模型 02
控制变量	贵单位与旅行社合作次数	0.118	0.019
	所属行业	0.049	0.084
	去年组织员工旅游次数	−0.068	−0.069
	去年用于员工旅游的人均花费	0.130	0.087
	最近一次用于员工旅游的人均花费	0.007	0.035
	所在城市	0.085	0.064
自变量	独特性需求		0.261***
	信任		0.041
	顾客知识		0.332***
ΔR^2		0.048	0.159***
F Change		1.721	13.324***

说明：*. p<0.05；**. p<0.01；***. p<0.01，N=210。

从表 5-15 可知，独特性需求对 CPC 的正向影响显著通过检验（模型 02，beta=0.261，P<0.001），因此假设 H2b 得到支持。顾客知识对 CPC 的正向影响显著通过检验（模型 02，beta=0.332，P<0.01），假设 H4b 得到支持。

信任对 CPC 的正向影响显著未通过检验（模型 02，beta=0.041，P＞0.05），假设 H3b 未得到支持，因此根据中介变量检验的标准（Baron，1986），CPC 在信任与顾客价值之间的中介作用的前提条件不具备，因此 CPC 在信任与顾客价值之间的中介作用未得到验证，即假设 H10b、H10d 和 H10f 未得到支持。

2. 信息参与和价值共创的中介传导作用

中介传导作用的检验采用巴伦所列标准，中介变量需同时满足以下三个条件：首先，自变量对中介变量有显著影响关系；其次，自变量对因变量有显著影响关系；最后，中介变量对因变量有显著的影响关系（Baron，1986）。

（1）CPI 在前因变量与实用价值间的中介传导作用

价值共创的前因变量对顾客实用价值既有直接影响，也有通过 CPI 的间接影响，因此本研究将 CPI 视为中介变量进行分层回归。在价值共创的前因变量中，与 CPI 和实用价值均显著相关的只有顾客知识和信任，因此将它们进一步作分层回归，结果如表 5-16 所示。

表 5-16　前因变量、CPI 和实用价值的回归分析

前因变量		实用价值		
		模型 01	模型 02	模型 03
控制变量	贵单位与旅行社合作次数	0.211**	0.117	0.105
	所属行业	-0.197**	-0.185**	-0.185**
	去年组织员工旅游次数	-0.103	-0.085	-0.070
	去年用于员工旅游的人均花费	0.119	0.091	0.065
	最近一次用于员工旅游的人均花费	-0.004	0.011	0.013
	所在城市	0.145	0.107	0.098
自变量	顾客知识		0.165*	0.108
	信任		0.306***	0.271***
中介变量	CPI			0.222***
ΔR^2		0.129***	0.127***	0.041***
F Change		5***	11.411***	11.581***

说明：*. p<0.05；**. p<0.01；***. p<0.01，N=210。

从表 5-16 可知，CPI 对实用价值的正向影响显著通过检验（模型 03，beta=0.222，P<0.001），假设 H5a 得到支持。在自变量和因变量间加入中介变量 CPI 后，信任对实用价值的回归系数从 0.306（模型

02，beta=0.306，P<0.001）显著降低到 0.271（模型 03，beta=0.271，P<0.001），因此 CPI 在信任对实用价值的影响上起到部分中介作用，H10a 得到支持，顾客知识对实用价值的回归系数从显著（模型 02，beta=0.165，P<0.05）变为不显著（模型 03，beta=0.108，P＞0.05），CPI 在顾客知识对实用价值的影响上起到完全中介作用，H11a 得到支持。

（2）CPC 在前因变量与实用价值间的传导作用

顾客前因变量对实用价值的影响既有直接影响，也有通过 CPC 的间接影响，因此本研究将 CPC 视为中介变量进行分层回归。在价值共创的前因变量中，与 CPC 和实用价值均显著相关的只有独特性需求和顾客知识，因此将它们进一步作分层回归，结果如表 5-17 所示。

表 5-17　前因变量、CPC 和实用价值的回归分析

前因变量		实用价值		
		模型 01	模型 02	模型 03
控制变量	贵单位与旅行社合作次数	0.211**	0.145*	0.139*
	所属行业	-0.197**	-0.170**	-0.190**
	去年组织员工旅游次数	-0.103	-0.102	-0.085
	去年用于员工旅游的人均花费	0.119	0.093	0.072
	最近一次用于员工旅游的人均花费	-0.004	0.015	0.006
	所在城市	0.145*	0.136*	0.120
自变量	独特性需求		0.219***	0.153*
	顾客知识		0.230***	0.147*
中介变量	CPC			0.245***
ΔR^2		0.129***	0.085***	0.048***
F Change		5***	10.858***	12.928***

说明：*. p<0.05；**. p<0.01；***. p<0.01，N=210。

从表 5-17 可知，CPC 对实用价值的正向影响显著通过检验（模型 03，beta=0.254，P<0.001），假设 H5b 得到支持。在自变量和因变量间加入中介变量 CPC 后，独特性需求对实用价值的回归系数从 0.219（模型 02，beta=0.219，P<0.001）显著降低到 0.153（模型 03，

beta=0.153，P<0.001），因此 CPC 在独特性需求与实用价值间起到部分中介作用，H9b 得到支持。顾客知识对实用价值的回归系数从 0.230（模型 02，beta=0.230，P<0.001）显著降低到 0.147（模型 03，beta=0.147，P<0.05），CPC 在顾客知识与实用价值间起到部分中介作用，假设 H11b 得到支持。

（3）CPI 在前因变量与象征价值间的中介传导作用

价值共创的前因变量对象征价值的影响既有直接影响，也有通过 CPI 的间接影响，因此本研究将 CPI 视为中介变量进行分层回归。在前因变量中，与 CPI 和象征价值均显著相关的只有顾客知识和信任，因此将它们进一步作分层回归，结果如表 5-18 所示。

表 5-18　前因变量、CPI 和象征价值的回归分析

前因变量		象征价值		
		模型 01	模型 02	模型 03
控制变量	贵单位与旅行社合作次数	0.176*	0.091	0.085
	所属行业	−0.146*	−0.137*	−0.136*
	去年组织员工旅游次数	−0.113	−0.079	−0.071
	去年用于员工旅游的人均花费	0.150	0.151	0.138
	最近一次用于员工旅游的人均花费	−0.079	−0.073	−0.072
	所在城市	0.037	0.006	0.002
自变量	顾客知识		0.081	0.051
	信任		0.339***	0.321***
中介变量	CPI			0.115
ΔR^2		0.067*	0.131***	0.011
F Change		2.424*	10.88***	2.792

说明：*. p<0.05；**. p<0.01；***. p<0.01，N=210。

从表 5-18 可知，顾客知识对象征价值的正向影响显著未通过检验（模型 02，beta=0.081，P＞0.05），根据中介变量检验的标准（Baron，1986），价值共创在顾客知识和象征价值间的中介作用的前提条件不具备，因此价值共创在顾客知识和象征价值间的的中介作用未得到验证，即假设 H11c 和 H11d 均未得到支持。

在自变量和因变量中加入中介变量 CPI 后，CPI 对象征价值的正向影响显著未通过检验（模型 02，beta=0.115，P＞0.05），因此假设 H6a 未得到支持。根据巴伦（1986）所列中介变量的条件，CPI 在前因变量和象征价值间的中介作用的前提条件不具备，因此，CPI 在前因变量和象征价值间的中介作用未得到验证，即假设 H9c 和 H10c 未得到支持。

（4）CPC 在前因变量与象征价值间的中介传导作用

顾客的前因变量对象征价值的影响既有直接影响，也有通过 CPC 的间接影响，因此本研究将 CPC 视为中介变量进行分层回归。在前因变量中，与 CPC 和象征价值均显著相关的只有独特性需求，因此将它们进一步作分层回归，结果如表 5-19 所示。

表 5-19 前因变量、CPC 和象征价值的回归分析

前因变量		象征价值		
		模型 01	模型 02	模型 03
控制变量	贵单位与旅行社合作次数	0.176*	0.140*	0.121
	所属行业	−0.146	−0.100	−0.114
	去年组织员工旅游次数	−0.113	−0.069	−0.060
	去年用于员工旅游的人均花费	0.150	0.198	0.169
	最近一次用于员工旅游的人均花费	−0.079	−0.064	−0.067
	所在城市	0.037	0.090	0.069
自变量	独特性需求		0.506***	0.460***
中介变量	CPC			0.190*
ΔR^2		0.067*	0.247***	0.032**
F Change		2.424*	72.736***	9.924**

说明：*. p<0.05；**. p<0.01；***. p<0.01，N=210。

从表 5-19 可知，CPC 对象征价值的正向影响显著通过检验（模型 03，beta=−0.190，P<0.05），假设 H6b 得到支持。在自变量和因变量间加入中介变量 CPC 后，独特性需求对象征价值的回归系数从 0.506（模型 02，beta=0.506，P<0.001）显著降低到 0.460（模型 03，beta=0.460，P<0.001），因此 CPC 在独特性需求对象征价值的影响中

起部分中介作用，H9d 得到支持。

（5）CPI 在前因变量和感知成本间的中介传导作用

价值共创的前因变量对感知成本的影响既有直接影响，也有通过 CPI 的间接影响，因此本研究将 CPI 视为中介变量进行分层回归。在前因变量中，与 CPI 和感知成本均显著相关的只有信任，因此将它们进一步作分层回归，结果如表 5-20 所示。

表 5-20　前因变量、CPI 和感知成本的回归分析

变量		感知成本		
		模型 01	模型 02	模型 03
控制变量	贵单位与旅行社合作次数	-0.174*	-0.134	-0.113
	所属行业	0.058	0.053	0.052
	去年组织员工旅游次数	0.167*	0.148*	0.136
	去年用于员工旅游的人均花费	-0.022	-0.018	0.006
	最近一次用于员工旅游的人均花费	0.018	0.010	0.009
	所在城市	-0.072	-0.062	-0.047
自变量	信任		-0.218**	-0.184**
中介变量	CPI			-0.186**
ΔR^2		0.052	0.046**	0.032**
F Change		1.845	10.227**	7.357**

说明：*. p<0.05；**. p<0.01；***. p<0.01，N=210。

从表 5-20 可知：CPI 对感知成本的负向影响显著通过检验（模型 03，beta=-0.186，P<0.01），因此假设 H7a 得到支持。在自变量和因变量中加入中介变量 CPI 后，信任对感知成本的回归系数从 0.218（模型 02，beta=-0.218，P<0.01）显著降低到 0.184（模型 03，beta=-0.184，P<0.01），由此可知，CPI 在信任和感知成本间起到部分中介作用，H10e 得到支持。

（6）CPC 在前因变量与感知成本间的中介传导作用

价值共创的前因变量对感知成本的影响既有直接影响，也有通过 CPC 的间接影响，因此本研究将 CPC 视为中介变量进行分层回归。在前因变量中，与 CPC 和感知成本均显著相关的只有独特性需求，因此将它们进一步作分层回归，结果如表 5-21 所示。

表 5-21 前因变量、CPC 和感知成本的回归分析

前因变量		感知成本		
		模型 01	模型 02	模型 03
控制变量	贵单位与旅行社合作次数	-0.174*	-0.163*	-0.152*
	所属行业	0.058	0.044	0.051
	去年组织员工旅游次数	0.167*	0.153*	0.148*
	去年用于员工旅游的人均花费	-0.022	-0.036	-0.020
	最近一次用于员工旅游的人均花费	0.018	0.013	0.014
	所在城市	-0.072	-0.088	-0.076
自变量	独特性需求		-0.158*	-0.132
中介变量	CPC			-0.106
ΔR^2		0.052	0.24*	0.01
F Change		1.845	5.273*	2.206

说明：*. p<0.05；**. p<0.01；***. p<0.01，N=210。

从表 5-21 可知，在自变量和因变量中加入中介变量 CPC 后，CPC 对感知成本的负向影响显著未通过检验（模型 03，beta=-0.106，P>0.05），假设 H11b 未得到支持，根据中介变量检验的标准（Baron，1986），CPC 在独特性需求与感知成本间的中介作用的前提条件不具备，因此 CPC 在独特性需求与感知成本间的中介作用未得到检验，假设 H9f 未得到支持。

5.3.5 研究发现

假设检验结果如表 5-22 所示，本书通过对奖励旅游中的组织顾客进行实证研究，发现：

第一，感知风险、独特性需求、信任和顾客知识这些前因变量对价值共创（CPC）和的信息参与（CPI）的影响作用不同。CPC 主要受独特性需求和顾客知识的积极影响作用（H1b 和 H4b 均得到支持），感知风险和信任对 CPC 的影响不显著。CPI 主要受感知风险、信任和顾客知识的积极影响作用（H1a、H3a 和 H4a 均得到支持），独特性需求对 CPI 的影响不显著。

表 5-22　本研究假设检验结果

编号		假设	结果
H1	H1a	感知风险对 CPI 具有积极的影响作用	支持
	H1b	感知风险对 CPC 具有积极的影响作用	不支持
H2	H2a	独特性需求对 CPI 具有积极的影响作用	不支持
	H2b	独特性需求对 CPC 具有积极的影响作用	支持
H3	H3a	信任对 CPI 具有积极的影响作用	支持
	H3b	信任对 CPC 具有积极的影响作用	不支持
H4	H4a	顾客知识对 CPI 具有积极的影响作用	支持
	H4b	顾客知识对 CPC 具有积极的影响作用	支持
H5	H5a	CPI 对实用价值具有积极的影响作用	支持
	H5b	CPC 对实用价值具有积极的影响作用	支持
H6	H6a	CPI 对象征价值具有积极的影响作用	不支持
	H6b	CPC 对象征价值具有积极的影响作用	支持
H7	H7a	CPI 对感知成本具有显著的负向影响作用	支持
	H7b	CPC 对感知成本具有显著的负向影响作用	不支持
H8	H8a	CPI 在感知风险对感知成本的影响中具有中介作用	不支持
	H8b	CPC 在感知风险对感知成本的影响中具有中介作用	不支持
H9	H9a	CPI 在独特性需求对实用价值的影响中具有中介作用	不支持
	H9b	CPC 在独特性需求对实用价值的影响中具有中介作用	支持
	H9c	CPI 在独特性需求对象征价值的影响中具有中介作用	不支持
	H9d	CPC 在独特性需求对象征价值的影响中具有中介作用	支持
	H9e	CPI 在独特性需求对感知成本的影响中具有中介作用	不支持
	H9f	CPC 在独特性需求对感知成本的影响中具有中介作用	不支持
H10	H10a	CPI 在信任对实用价值的影响中具有中介作用	支持
	H10b	CPC 在信任对实用价值的影响中具有中介作用	不支持
	H10c	CPI 在信任对象征价值的影响中具有中介作用	不支持
	H10d	CPC 在信任对象征价值的影响中具有中介作用	不支持
	H10e	CPI 在信任对感知成本的影响中具有中介作用	支持
	H10f	CPC 在信任对感知成本的影响中具有中介作用	不支持

续表

编号		假设	结果
H11	H11a	CPI 在顾客知识对实用价值的影响中具有中介作用	支持
	H11b	CPC 在顾客知识对实用价值的影响中具有中介作用	支持
	H11c	CPI 在顾客知识对象征价值的影响中具有中介作用	不支持
	H11d	CPC 在顾客知识对象征价值的影响中具有中介作用	不支持

独特性需求对 CPI 的显著正向影响作用未得到验证（H2a 未得到支持），可能的原因是，在价值共创行为中，CPI 属于基础性参与行为，CPC 与顾客的个性化产品和体验的关系更紧密，因此独特性需求对价值共创的影响主要体现为对 CPC 的影响，对 CPI 的影响不显著。

感知风险对 CPC 的显著正向影响未得到验证（H1b 未得到支持），可能的原因是，CPC 属于创造型价值共创行为，因此感知风险对 CPC 的影响是复杂的，一方面为了降低感知风险顾客希望参与，同时又担心参与行为会造成额外的风险而降低价值共创水平，这导致感知风险对 CPC 的正向影响关系不显著。这与赫希曼、坎佩尔和贾鹤的观点相似，他们意识到感知风险对价值共创的影响作用也随参与行为不同而存在差异，比如在创造型价值共创中，即以获得独特服务结果为导向的服务参与的过程中，由于顾客自身的参与行为可能影响服务结果而产生额外的风险，此时感知风险可能减少顾客的诸如猎奇和创造性等探索性行为，从而降低顾客在服务共同生产活动中的参与意愿（Hirschman，1980；Campell，2001；贾鹤，2009）。

信任对 CPC 的显著正向影响作用未得到验证（H3b 未得到支持），原因可能与价值共创 CPC 属于创造型参与相关，信任驱动的合作意愿在奖励旅游的背景下主要体现在信息参与的基础参与行为上，对创造性参与行为的影响作用不显著。

第二，价值共创和信息参与对顾客价值均具有提升作用。这种提升作用首先表现为有助于顾客实用收益和象征收益的增加（H5a、H5b 和 H6b 均得到支持）。其次，CPI 的增加会显著降低组织顾客对感知成本（H11a 得到支持）。这使我们重新审视顾客参与的成本问题：顾客参与虽然需要顾客投入额外的时间和精力，但这并不意味着顾客感知成本将增加，本研究的实证结果表明，顾客参与行为显著负向影响感知成本，即价值共创水平越高，其在活动中的感知成本越低。

CPI 对象征价值的显著正向影响未得到验证（H6a 未得到支持），这与前述 CPI 属于基础性参与的结果相吻合，可能的原因是 CPI 这种基础性参与对实用价值的影响更显著。CPC 对感知成本的显著负向影响未得到验证（H7b 未得到支持），可能的原因是 CPC 是较高层次的价值共创，此时顾客更关注产品与体验的独特性等，而对成本不太关心，所以影响不显著。

第三，价值共创和信息参与在前因变量与顾客价值间具有中介作用。同时本研究还发现，价值共创这一顾客参与的提升形式，与传统的信息参与方式的中介传导作用有所不同。其中，独特性需求与顾客价值的中介作用主要通过 CPC 实现，CPC 在独特性需求与实用价值间具有中介作用（H9b 得到支持），CPC 在独特性需求与象征价值间具有中介作用（H9d 得到支持）。根据前文分析，独特性需求可能由于与顾客的个性化产品和体验的关系更紧密而对 CPI 的影响不显著，因此 CPI 对独特性价值的中介传导作用的前提条件不具备（Baron，1986），CPI 的中介作用未得到验证，即假设 H9a、H9c 和 H9e 不支持。

与信息参与一样，价值共创在感知风险和顾客成本间的中介作用未得到验证（H8 未得到支持），可能的原因是，在本研究奖励旅游的背景下，组织顾客的感知风险仅有绩效风险得到验证，与感知成本相关密切的财务风险没得到验证。

与价值共创这种提升形式不同，传统的信息参与 CPI 在信任与顾客价值间具有中介传导作用。在信任和实用价值间具有中介作用（H10a 得到支持），CPI 在信任对感知成本的负向影响中具有中介传导作用（H10e 得到支持）。根据前文分析，由于 CPC 属于创造型价值共创行为，信任对 CPC 的的影响不显著，因此 CPC 对信任的中介传导作用的前提条件不具备（Baron，1986），CPC 的中介作用未得到验证，即假设 H10b、H10d 和 H10f 不支持。

为了更直观地分析模型中变量之间的关系，我们将研究模型及变量间的关系中不支持的关系删除，获得修正后的模型的各项指标及路径系数如图 5-3 所示。

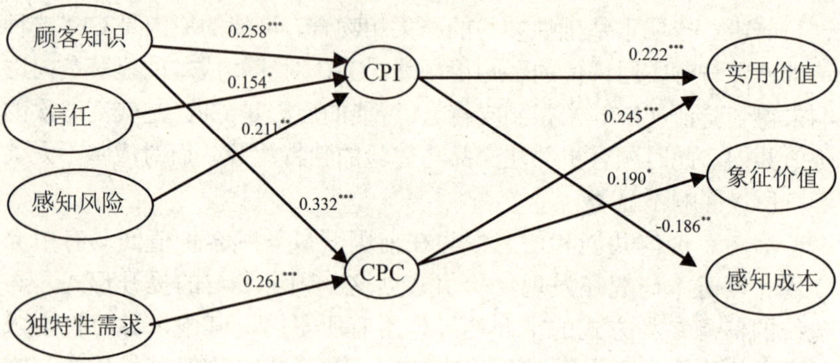

图 5-3　价值共创提升顾客价值的模型路径图

首先对样本基本特征进行描述性统计分析，检验正式调研量表的信度和效度，然后利用多元回归分析验证本书的理论模型和相关假设，并对各变量间的相关关系及多元回归结果进行了说明，本研究所提出的各假设验证情况见表 5-15。本研究提出的假设大部分都得到了验证，结果显示：（1）感知风险、独特性需求、信任和顾客知识对价值共创的正向影响作用的显著性得到验证，它们是价值共创的前因变量。同时本研究还发现，这些前因变量对价值共创的两个维度（CPI 和 CPC）的影响不同。CPI 主要受感知风险、信任和顾客知识的积极影响作用，CPC 主要受独特性需求和顾客知识的积极影响作用。（2）价值共创对顾客价值具有提升作用。这种提升作用不仅表现为价值共创有助于顾客实用收益和象征收益的增加，还通过降低感知成本的途径实现。（3）价值共创在前因变量与顾客价值间具有中介作用。同时本研究还发现，价值共创两个维度（CPI 和 CPC）的中介传导作用有所不同。价值共创在独特性需求与顾客价值的中介作用主要通过 CPC 实现，价值共创在信任对顾客价值的传导作用主要通过 CPI 实现，价值共创在顾客知识与顾客价值的传导作用中同时通过 CPI 和 CPC 完成。价值共创在感知风险和顾客成本间的中介作用则未得到验证。

第六章　研究结论与启示

6.1 实证研究结论

本研究以我国奖励旅游的开展为背景，使用组织顾客样本对价值共创行为的前因与后果进行了实证研究，验证了价值共创对奖励旅游顾客价值的提升作用，以及价值共创的影响因素。主要结论如下：

结论一：在奖励旅游中，与基础性的信息参与行为一样，价值共创这一顾客参与的提升形式已普遍存在。

在以个体层面的消费者为样本的研究中，价值共创这一较高水平的顾客参与行为与基础的信息搜索和分享等信息参与行为已被证实（Ennew，1999；Claycomb，2001；彭艳君，2008）。本研究以参加奖励旅游的组织顾客为样本进行实证检验发现：在我国，组织顾客不仅以提供信息等基础形式积极参与奖励旅游的产品设计过程，组织顾客的信息参与行为 CPI 均值为 4.00，既包括向旅行社提供大量本单位的要求（均值为 3.96），也包括产品确定前与旅行社销售人员的频繁沟通（均值为 4.08），还包括旅游后向旅行社提供建议以提高服务质量（均值为 3.96）。也与旅行社合作开发共同创造价值，并贯穿了服务的整个链条。价值共创 CPC 均值为 3.39，既包括前期为了让产品符合本企业的要求花费大量时间和精力参与产品开发（均值为 3.44）以及企业个性化项目的开发（均值为 3.30），还包括参与企业个性化项目的实施过程（均值为 3.42）。这与埃里克以美国制造业为背景进行的组织价值共创行为的研究结论一致（Eric，2008），证实西方背景下组织顾客参与形式的多样性在我国同样存在。

结论二：价值共创对奖励旅游顾客价值具有提升作用。

本研究实证结果表明，奖励旅游组织顾客价值的构成形式，除了实用价值（均值为3.72）外，也具有象征价值（均值为3.71），参加奖励旅游的企业通过参与活动满足社会功能，进行自我表达。与个体消费者不同的是，消费者的独特性需求是表达个人的与众不同，而组织顾客的自我表达是通过参与活动组织和自我服务过程，表达其独特的企业文化和组织精神。组织顾客价值除了收益之外，也包括感知成本（均值为2.16），即对时间、精力和价格等总成本付出的感知。所不同的是在个体消费者中存在的体验价值，在奖励旅游背景下组织顾客中未得到验证。

本研究还发现，价值共创对顾客价值具有提升作用。这种提升作用首先表现为价值共创有助于顾客实用收益和象征收益的增加（H5b、H7b均得到支持）。其次，CPI的增加会显著降低组织顾客对感知成本（H11a得到支持）。这使我们重新审视价值共创的成本问题，价值共创虽然需要顾客投入额外的时间和精力，但这并不意味着顾客感知成本将增加。本研究的实证结果表明，价值共创行为反而降低了其对货币成本以及时间精力等感知成本。顾客知识对顾客价值的影响主要体现为对实用价值的正向影响（H8a得到支持），这说明顾客拥有的关于某服务的知识越多，越有利于顾客实用价值的提升。

结论三：作为顾客参与的提升形式，价值共创的驱动因素与传统的信息参与方式，既有相同之处，也有不同之处。同时，独特性需求、感知风险、信任和顾客知识这些个体层面的消费者信息参与和价值共创的前因变量，也是奖励旅游组织顾客参与的重要前因变量，它们在组织顾客中的表现形式，以及对价值共创的影响方式与个体层面消费者既有相似之处，又具有差异。

奖励旅游中，顾客参与价值共创的前因变量包括独特性需求和顾客知识。顾客知识这一变量对价值共创和传统的信息参与两种方式都具有显著的正向影响作用（H4a和H4b均得到支持）。这说明顾客知识是价值共创角色扮演及信息参与的重要前提。这与个体层面的消费者为样本的研究结论一致（Dowling，1994；Laroche，2003；贾鹤，2009），与Ordanini以手表制造商和银行业的组织价值共创行为的研究结论一致（Ordanini，2008）。在独特性需求、感知风险、信任三个参与意愿变量中，独特性需求对价值共创影响显著，对信息参与影响不显著。在以个体层面的消费者为样本的研究中，独特性需求被证实是价值共创的一个重要变量，与顾客的个性化和消费表达密切相关（Franke，2003；Peter，2007；徐岚，2007）。在以奖励旅游组织企业为样本的本研究中，组织顾客也通过消费奖励旅游产品，有意识地寻求与其他组织的差别，与个体消费者一样，组织顾客也具有独特性需求。所不同的是：消费者的独特性需求用消费者的人格进行测量，而组织人格与个体人格的测量是明显不同的。本研究通过访谈和内容分析法的结论指出，组织的独特性需求源于组织个性，企业文化正是形成组织个性的重要来源，组织顾客的独特性需求与企业文化紧密相关。并在此定性研究结论的基础上，开发了测量组织顾客独特性需求的量表，并通过实证研究证实，独特性需求是组织顾客价值共创的重要动机，CPC 和独特性需求显著正相关（H2b 得到支持）。

价值共创与传统的信息参与方式在前因变量的不同，还体现在感知风险和信任这两个变量上。感知风险对价值共创影响不显著（H1b 未得到支持），而对信息参与具有积极的影响作用（H1a 得到支持）。这表明组织顾客感知到的风险越高，其信息参与行为越显著。这与之前学者们以个体层面的消费者为样本开展的研究结果一致，信息交换是顾客减少感知风险的有效手段，降低风险是顾客信息参与行为的主要动因（Dowling，1994；Alison，2003；范秀成，2004）。所不同的是，之前以个体层面的消费者为对象的研究中，感知风险存在形式多样，包括时间风险、绩效风险、心理风险、财务风险等多种形式（耿先锋，2008；贾薇，2010），而在本研究中，组织价值共创前因变量感知风险中仅绩效风险得到验证，这一结果与组织顾客将注意力更集中在产品的功能和性能上的特征相吻合（詹姆斯，2007）。因此，旅行社应尤其重视奖励旅游中绩效风险的管理，切实保障参加奖励旅游的企业达到预期的激励效果。信任对价值共创影响不显著（H3b 未得到支持），而对信息参与具有积极的影响作用（H3a 得到支持）。对信任与顾客参与的关系进行文献研究时发现，信任对顾客参与的影响有两种截然不同的观点：一派认为，信任可以降低顾客感知风险，从而减少顾客参与行为（Lundavall，1988；赵文红，2008）。另一派则根据社会资本理论提出，信任是一种社会资本，有助于在合作伙伴中依靠情感承诺从而促进顾客的合作互动等参与行为（Fukuyana，2001；王曙光，2009）。本研究验证了社会资本理论中信任对价值共创的促进作用，证实组织顾客对供应商企业的信任有助于增加其参与行为，组织顾客对供应商企业的信任度越高，其信息参与（CPI）程度越高。信任对信息参与的这种促进作用显著，可能与组织市场的特点有关。与消费者市场相比，产业市场中顾客数量少而集中（詹姆斯，2007），通常产业市场中供应商企业和组织顾客的关系紧密而持久（迈克尔，2006），产业市场中的供应商更注重关系营销，这有助于维系和建立信任关系，组织顾客如果对供应商不信任的话，放弃该供应商而选择另外的供应商，比通过参与来解决不信任问题更有效。因此，信任对信息参与行为的显著正向影响作用得到支持。

结论四：价值共创在奖励旅游价值创造过程中具有中介传导作用。

科特勒认为越能满足顾客需求的东西对顾客来说越有价值，因此，顾客需求对顾客价值具有影响作用（Kotler，1989）。顾客需求对顾客价值的影响作用是如何实现的呢？根据服务占优逻辑理论，价值共创到价值创造过程中，因此，本研究以组织顾客为样本对价值共创在价值过程中的中介传导作用进行了检验，研究发现：价值共创在顾客需求与顾客价值间具有中介传导作用。

同时本研究还发现，价值共创 CPC 和信息参与 CPI 的中介传导作用既有相同之处，又有所不同。价值共创和信息参与在顾客知识与顾客价值间的中介作用相同（H11a、H11b 得到支持），而价值共创在独特性需求与顾客价值的中介作用主要通过 CPC 实现（H9b 得到支持）；在信任对顾客价值的传导作用则主要通过 CPI 实现（H10a 得到支持）；CPI 在信任对感知成本的负向影响中具有中介传导作用（H10e 得到支持）。这说明价值共创和信息参与在价值创造中的作用有所不同。

CPC 对独特性需求的价值创造作用进行传导成立的原因，可以用独特性理论解释。虽然独特性理论是针对个体层面的消费者提出的，但通过本研究对奖励旅游相关材料的内容分析发现，组织顾客同样具有通过独特的产品发展独特的组织人格意象的需求，因此独特性理论的应用可以延展到组织顾客中。根据独特性理论，购买者的独特性需求越高，其通过独特的产品发展组织人格意象和社会意象的需求越强，CPC 能增加产品的独特性，从而吸引组织顾客进行价值共创，进而增加其感知价值。比如某跨国公司在海外的会议组织中，只把签证等手续交给旅行社办，大部分会议筹备工作都由公司自己完成。其主要动因就是把企业参与会议筹备这种形式作为表达公司团队的荣誉感的一种方式，通过这种方式传达公司独特的文化：你看全部会务都没交给外人，全部由我们团队自己完成，自己人为我们服务，做得这么好，觉得有种荣誉感在里面。在独特性需求的内驱力下，组织顾客通过参与供应商的产品开发过程强化了企业文化，提升了象征价值，因此，独特性需求通过价值共创的方式影响了企业的象征价值，表现出价值共创的中介传导作用。

6.2 管理启示

本研究结论对于采用奖励旅游作为激励手段的企业和开办奖励旅游的旅行社均具有一定的指导意义，以下阐述结论的管理启示：

第一，旅行社应积极引导和管理举行奖励旅游的企业参与价值共创。

随着顾客角色的不断变化，顾客能力成为企业竞争能力的新源泉，顾客作为一种隐性资产正受到越来越多地关注，价值共创共同创造价值正是未来的竞争模式，恰当地引导和管理价值共创价值创造的过程将为企业带来更大的竞争优势（William，2006；Stephen，2008；包国宪，2011）。

然而顾客并不会因为企业的发展需要而积极参与配合，只有让顾客感知到参与对他们自身有利他们才会参与其中，因此要引导和管理价值共创，可以借鉴本研究对价值共创的前因变量和结果效应的研究成果，对价值共创的需求变量进行管理。本研究从组织顾客的角度出发，发现独特性需求和顾客知识是其参与价值共创的前因变量，因此要吸引组织顾客积极参与企业的价值创造过程。首先，应重视组织顾客的独特性需求。正如一位剧作家所言：“许多年以前，一个人如果难受，不知如何是好，他也许上教堂，也许闹革命，诸如此类；今天，你如果难受，不知所措，怎么解脱呢？去消费吧！”可见，消费已经成为人们表达的重要工具，人们通过选择、共同生产、使用和展示相应的商品、服务和体验，向外界传递出个人信息，表达“自我”和身份。独特性需求正是反应顾客表达的一个重要变量，在组织顾客中独特性需求同样存在，并对顾客价值共创具有积极的影响作用。其次，应积极培养顾客能力，增加顾客知识。对这些变量进行管理将有助于企业吸引价值共创到价值创造过程中来，为企业创造竞争优势。

第二，奖励旅游的供需双方都应重视奖励旅游象征性符号的应用。

旅游是现代社会的一项重要消费。消费在其最初的含义里面，主要指物品被用尽。因而人们总是认为消费之于生产是第二性的，是市场生产活动的终结。然而，旅游已被现代企业引入作为一种重要的管理激励工具。由于其在“凝聚企业向心力、提高生产力、塑造企业文化”上产生的显著效用（Caballero，1986；Hastings，1988；Peter，1992），奖励旅游逐渐成为与奖金一样被普遍采用的激励方式。旅游与现金和商品一起被许多企业作为激励员工的主要工具，并被证明奖励旅游比奖钱和奖物更有效（Rubin，1986；Kimberly，1995）。但就中国目前奖励旅游的开展情况来看，当前越来越多的企业采用奖励旅游的方式作为员工激励手段，但我国目前多数奖励旅游只能算福利性质的旅游，激励性不足（王国钦，2007；魏薇，2008；李晓莉，2011）。本研究认为，这与对奖励旅游生产性的认识不够深入有关。企业消费奖励旅游产品的同时，由于其具有为生产服务的功能，因此同时也具有生产性。

那些将企业文化建设与旅游紧密结合起来的企业，积极与旅行社合作进行价值共创的企业，奖励旅游的激励效果好，企业价值提升越高。因此，举行奖励旅游的企业，选派相关人员，与旅行社的奖励旅游开发人员共同组成项目小组，在产品前期开发和组织实施及售后等过程中积极与旅行社共同创造，虽然可能需要企业投入额外的时间或精力，但因为它对顾客价值总体的提升作用，这种付出是值得的。比如某大型保险公司的年终奖励旅游产品中，在旅途中的豪华邮轮上安排了一场船长晚宴及主题颁奖活动，但现场出来为大家服务的船长却是身着船长制服的该保险公司的总裁，主题颁奖晚会的主持人是装扮成船员的其他公司行政人员。在这一产品实施过程中，保险公司的总裁和行政人员参与到服务实施过程中进行自我服务，这虽然增加了企业的时间和精力成本的付出，但这一别出心裁的顾客自我服务活动宣传了企业文化，增加了企业凝聚力，又带给参与者平常参加普通团队程式化的旅游活动所无法获得的惊喜的旅游体验，令参加者回味无穷，极大地延长了奖励的激励效用，提升了顾客的价值。

奖励旅游这一看似较小的消费行为，其背后具有一系列的象征性：可以通过旅游“精神充电”提高了员工的工作积极性，通过“家文化”提高了团队的凝聚力，通过“集体意识”与“地位和实力”的展演传达和塑造了企业文化，奖励旅游通过以上一系列象征性的符号行为而成为一种塑造和传播企业文化的仪式，并具有了生产性。因此，将奖励旅游作为现代化管理手段的企业需要重视这些象征性符号的使用，以使奖励旅游更好地发挥其激励效用。

第三，价值共创需要开办奖励旅游的旅行社转型升级。

在常规的价值创造过程中，企业和顾客分别担当着生产与消费的角色。企业生产产品与服务并创造价值，通过产品与服务在市场上的交换，使产品和服务从生产者手中转移到消费者手中，企业是价值创造的中心。但佩恩等提出价值的创造已经跨越了厂商的界限，由企业创造过程，顾客创造过程和互动过程共同构成价值共同创造的框架（Payne，2008）。这意味着伴随着价值共创现象的不断深入，上述区分与差异正在消失。顾客已经越来越多地参与到价值的界定与创造过程之中。

从本书以奖励旅游为背景的研究来看，在奖励旅游产品开发与实施过程中，产品不再是传统商品导向逻辑下由旅行社独立生产然后卖给顾客，而是在顾客中派出销售支持部的客服专员，主管与部门总监和旅行社奖励旅游部的销售员，业务经理和业务总监共同组成项目小组，进行奖励旅游产品的共同生产，顾客成为企业能力的重要来源，顾客与企业共同创造价值，价值创造过程以个体的异质化体验为中心，共同创造体验成为价值的基础。旅行社与顾客共同组成的项目小组使产品由厂商与顾客共同创造得以实现，旅行社传统的生产包价旅游产品然后出售给顾客的“商品导向”逻辑行不通了，旅行社的经营重点转向管理环境创造机会吸引顾客贡献他们的知识参与生产，并利用自身的专业知识与技能为共同创造的实施提供服务支持，旅行社的经营哲学从“商品导向”向“服务导向”转变，其角色从传统的旅游供应商向旅游顾问或顾客的“参谋”转变，也即旅行社从产品生产与价值传递的主角退为配角。

传统以旅行社为中心的价值创造模式由于几乎没有考虑顾客能够参与创造价值，使旅行社在面临新的市场竞争环境时，利润和顾客满意度越来越低，原有的孤立价值创造模式正逐渐丧失其效用。为获得持续的竞争优势，旅行社需要重视价值创造模式从过去的以旅行社为中心的价值创造模式向与顾客共同创造转变，从根本改变旅行社的运作模式。旅行社所关注的焦点应从提高内部效率转变为充分利用外部资源，尤其是利用顾客资源上。为此，旅行社面对运作模式和组织结构等进行调整，通过转型升级以对价值共创共同创造的环节和方式进行识别与设计，从而将顾客纳入价值创造过程，以便旅行社与举行奖励旅游的企业顾客共创价值。

与举行奖励旅游的企业顾客共同创造的增值环节可体现在从旅游产品从生产到实施的全过程中。在整个价值创造过程中，只有少数环节由旅行社独立完成，多数环节由旅行社和顾客双方共同完成，其中多数环节以顾客为主导完成，旅行社提供各种支持与配合，因此旅行社的工作重点转向如何为顾客当好参谋。在产品开发中的目的地选择环节，旅行社主要进行可行性建议，传统由旅行社进行的顾客旅游意向咨询与调查由顾客方企业内部共同开发项目小组主导完成。再如“主题活动”策划的创意环节，有的顾客企业派出的项目组成员中有的具有广告策划经验，有的长期进行企业文化建设与管理工作，都具有丰富的活动策划经验，这时围绕企业文化建设的主题活动策划则交由顾客企业主导完成，旅行社根据自身的组织经验给出可行性及供应商选择方面的建议，当好参谋。旅行社的经营重点转向管理环境创造机会吸引顾客贡献他们的知识参与生产，并利用自身的专业知识与技能为共同创造的实施提供服务支持，旅行社的经营哲学从“商品导向”向“服务导向”转变，其角色从传统的旅游供应商向旅游顾问或顾客的“参谋”转变。相应的在组织结构方面，对应团队观光旅游产品为主的按照旅游目的地进行划分的组织结构已经不能适应顾客关系为经营重点的需要，旅行社奖励旅游部门的组织结构也相应转为按照顾客来划分。

6.3 本研究的创新之处

价值共创是顾客参与的提升形式。对顾客参与的研究始于 20 世纪 70 年代末期，洛夫洛克和杨格提出顾客可以成为生产率提高的源泉。随着消费者角色的不断变化，顾客能力成为企业竞争能力的新源泉，服务占优逻辑、价值网络等理论相继提出，价值共创受到越来越广泛的关注，学者们从不同角度对价值共创及其影响进行了研究。典型的价值共创研究多关注个人消费者，组织顾客的参与行为多集中于有形产品（制造业），且以定性的案例研究或描述性统计分析为主。

显然，无形的服务具有区别于有形产品的一些本质特征，但人们对服务业中组织价值共创的知识却所知甚少（王永贵，2011）。本研究在价值共创的相关文献分析，企业深度访谈和对相关二手资料进行内容分析的基础上，提出了企业价值共创的影响因素和结果变量，并对此进行了系统的定量研究，这一研究对深入理解组织顾客的参与行为提供了实证支持，对组织市场营销相关理论、企业文化理论和社会学仪式理论发展具有一定的贡献。具体而言相关的创新之处重点表现在以下四个方面：

第一，本研究证实，组织价值共创行为及前因变量与个体层面的消费者既有相类似的地方，同时又不尽相同。其中最大的不同体现在独特性需求上。独特性需求是消费者价值共创的重要影响因素，受到越来越多的关注（贾薇，2010），但组织是否具有独特性需求，并进而成为组织价值共创的动机？对这一问题尚未见到系统的研究予以回答。本研究首先通过企业深度访谈，发现组织顾客也具有独特性需求，同时这种独特性需求构成一种内驱力，驱使顾客积极地参与到产品开发与服务实施过程中，企业通过参与行为进行表达。然后，本研究收集了奖励旅游的举办企业的相关报告、参加奖励旅游的旅游者的游记以及其他相关人员（包括奖励旅游企业中未能参加奖励旅游的员工、社会公众）的评论等100余篇资料进行了内容分析，加深了对组织顾客独特性需求的认识，发现组织顾客的独特性需求与消费者的独特性需求相类似但不尽相同，消费者的独特性需求是对消费者个性的表达，而组织的独特性需求表达的是组织的文化和个性。在此基础上，本研究首次提出组织独特性需求的测量可以从传达和塑造企业文化的角度进行测量，并通过对200多家企业的问卷调查进行了实证研究，证实了组织顾客具有独特性需求，这一需求与企业文化的表达密切相关，同时独特性需求是组织价值共创行为的重要影响因素。这为推动深入开展组织顾客独特性需求的实证研究奠定基础，对从组织视角来研究价值共创问题具有较大的理论价值与启发性。与消费者一样，作为经济实体的组织顾客其关注的不仅是经济价值，同时也关注象征价值，通过消费进行文化表达的独特性需求即是组织顾客象征性价值的一种体现。顾客需求既是营销的起点也是营销的终点（Kotler，1989），本研究关于组织顾客独特性需求的研究对加深组织顾客需求的理解提供了新的视角和实证证据，因此对组织市场营销理论的扩展具有一定的贡献。

第二，本研究对价值共创的前因变量的系统研究，为价值共创及价值共同创造理论的构建提供了实证支持。虽然已有一些研究涉及价值共创的影响因素，但是仍然存在以下两个问题：一是对于众多的影响因素，学者们从自己的视角出发提出零散的观点，缺乏对影响因素的系统总结。二是现有的研究，理论分析多，实证研究少（耿先锋，2010）。本研究从参与动机和参与能力两方面入手，验证了独特性需求、感知风险，信任和顾客知识对价值共创的影响作用。同时通过实证研究证明在我国的组织服务市场中，价值共创不仅是信息参与等基础层面，而且已经涉及共同开发，与顾客共同创造价值的参与层面。本研究对以上影响因素的影响作用分别从信息参与和价值共创两个维度进行了验证，这对价值共创及价值共创理论的构建提供了实证支持。

第三，本研究从顾客价值角度对组织价值共创的影响作用进行的系统研究，对丰富顾客价值理论提供了实证支持。一方面，以往顾客价值研究多以消费者为研究对象，对组织顾客的价值研究多停留在定性研究上（王永贵，2011）。本研究通过定性与定量相结合的方式，对组织顾客的实用价值、象征价值和感知成本进行了系统分析，并对组织顾客价值的影响因素进行了探讨，发现组织的特征和动机（如独特性需求、信任和组织的知识）对顾客价值的感知均具有提升作用，这种提升作用不仅表现为顾客实用收益和象征收益的增加，也通过降低顾客感知成本的路径提升顾客价值。另一方面，实证结果使我们重新审视价值共创与顾客感知成本的关系。

价值共创虽然需要顾客投入额外的时间和精力，但这并不意味着顾客感知成本将增加，本研究的访谈和问卷调查结果均表明，价值共创行为有可能降低其对货币成本以及时间精力等感知成本，这与顾客的参与动机、参与能力以及参与过程有关。当顾客为了组织需求主动参与时，对参与结果的正向感知可能降低其对付出感知成本。另外，价值共创可能成为顾客获得独特体验的一种方式，因而不被视为“成本”。

第四，在奖励旅游组织顾客的独特性需求分析中，本研究提出组织顾客在消费奖励旅游的过程中，通过旅游“精神充电”提高了员工的工作积极性，通过“自家人文化”提高了团队的凝聚力，通过“集体意识”与“地位和实力”的展演传达和塑造了企业文化，通过“精神充电”“自家人文化”“集体意识”“地位和实力”的象征性符号消费使奖励旅游这项消费行为同时也具有了生产性。以往，旅游往往被作为一种消费现象进行研究，本研究对奖励旅游的生产性及其根源进行了深入系统的分析，这对旅游的功能认识进行了扩展。同时通过对旅游的以上象征系统进行分析，我们可以看出，奖励旅游已经成为一种充满了符号象征性的企业仪式，成为组织文化传播与塑造的一种有效工具，这些象征性符号的营造正是企业文化传播的手段和仪式效力的发挥机制，这对企业文化理论中企业仪式相关理论进行了深化与拓展，同时也扩展了社会学仪式理论的应用范围。

6.4 研究局限与展望

尽管本研究采用深度访谈法、内容分析法与问卷调查法相结合的多元维度下的研究方法对组织价值共创的前因与后果进行了系统的分析，但由于各方面的限制，仍存在一定研究局限，需要更深层次的研究。

首先，本研究采用便利抽样法对 200 多个企业进行了问卷调查，而未采用随机抽样法，只能在最大程度反映企业真实情况的基础上，对该领域的研究做出贡献（Deshpande，2004）。后续研究者可采用随机抽样以增强样本的代表性。另外，在奖励旅游中，直销企业和保险公司是奖励旅游消费的重要样本，这些样本在价值共创的水平和程度上都较高，具有较强的代表性，但由于商务部审批的直销企业全国只有 17 家，如果采用这些企业作样本的话，样本量难以达到 200 份以上，如果用这些企业与其他企业共同做样本的话，由于参与的水平和层次可能具有差异，因此在问卷调查中没有选取这类企业作样本，仅在深度访谈和内容分析的样本中涉及了此类企业。后续研究者可针对此类企业作深入的定性与定量研究。

其次，研究变量的测量由本研究根据访谈和内容分析的结果以及相关文献生成的，虽然经过检验具有可靠性和有效性，但是仍然需要多方验证。由于对组织顾客的实证研究不多，许多构念的测量量表都是依据消费者测量量表和本研究的访谈生成的，部分构念的测量只有两个问题进行测验，这些量表还有待进一步完善。

再次，本研究主要探讨了独特性需求、感知风险、顾客知识和信任对价值共创的影响，而在现实环境中，影响价值共创的因素不止这些，本研究无法控制其他因素，因此在研究结果上会受到一定的限制。未来的研究可以在本书基础上加以拓展，进一步探索在多种因素驱动下的价值共创活动中，价值共创对顾客价值的影响。

最后，鉴于本研究是以奖励旅游中的组织价值共创为调查对象而展开的，再加上本研究的探索性本质，因而在普遍推广和应用本研究成果时还应该保持一定的审慎态度，相关研究结论在其他行业的适用性需要进一步验证。未来研究有必要考察其他服务行业中的价值共创，从而进一步检验和拓展相关研究结论。

参考文献

[1] Akbar Z., Bill M., Vincenzo P. Does Trust Matter? Exploring the Effects of Interorganizational and Interpersonal Trust on Performance[J]. Organization Science, 1998, 9(2): 141-159.

[2] Alden D. L., Hoyer, W.D., Wechasara G.. Choice Strategies and Involvement: A Cross Cultural Analysis[J]. Advances in Consumer Research, 1989, 16(1): 119-126.

[3] Alam I., Perry C. A. Customer Oriented New Service Development Process[J]. Journal of Services Marketing, 2002, 16(6): 515-534.

[4] Alam I. Removing the Fuzziness from the Fuzzy Front-End of Service Innovations Through Customer Interactions[J]. Industrial Marketing Management, 2006, 35: 468-480.

[5] Alison E.L. The Role of Culture on Customer Participation in Services[D]. Hong Kong: The Hong Kong Polytechnic University, 2003.

[6] Anand, B.N., Khanna, T. Do Firms Learn to Create Value? The Case of Alliances [J]. Strategic Management Journal, 2000, 21: 295-315.

[7] Bagozzi R. P., Yi Y. On the Evaluation of Structural Equation Models[J]. Academy of Marketing Science, 1988, 16:76-94.

[8] Baron R. M., Kenny, D.A. The Moderator-Mediator Variable Distinction in Socela Psychological Research:Conceptual, Strategic and Statistical Considerations [J]. Journal of Personality and Social Psychology, 1986, 51(6):1173-1182.

[9] Bateson, J.E.G. Self-Sevice Consumer: An Exploratory Study[J]. Journal of Retailing, 1985, 61(3): 49-76.

[10] Baum, J. A. C., Calabrese, T. And Silverman, B. S. Don't Go It Alone: Alliance Networks and Startup Performance in Canadian Biotechnology[J]. Strategic Management Journal, 2000, 21(3): 267-294.

[11] Bernd H. Schmitt. Experiential Marketing [J]. Journal of Marketing Management 1999, 15 (1-3): 53-67.

[12] Bitner M. J. Servicescapes: The Impact of Physical Surroundings on Customers and Employees[J]. Journal of Marketing, 1992, 56(2): 57-71.

[13] Blankenburg H.D., Eriksson K., Johanson J. Creating Value Through Mutual Commitment to Business Network Relationships[J]. Strategic Management Journal, 1999, 20(5): 467-486.

[14] Brock S. J. Mark C. Customer Value Creation: A Practical Framework[J]. Journal of Marketing Theory and Practice, 2007, 15(1):7-23.

[15] Caballero, M J. A Comparative Study of Incentives in A Sales Force Contest[J]. Personal Selling and Sales Management 1988, 8 (1)55-58.

[16] Carbone L.P., Haeckel S. H.L.Engineering Customer Experience[J].Marketing Management, 1994, (3): 8-19.

[17] Cermak, D. S. P., File, K. M., Prince, R. A. Customer Participation in Service Specification and Delivery[J]. Journal of Applied Business Research, 1994, 10(2): 90-97.

[18] Chase, R.B. Where Does the Customer Fit in A Service Operation? [J].Harvard Business Review, 1978, 56:137-142.

[19] Cho, S., Woods, R. H., Jang, S., & Erdem, M. Measuring the Impact of Human Resource Management Practices on Hospitality Firms' Performances[J]. International Journal of Hospitality Management, 2006, 25(2), 262-277.

[20] Chris Voss, Aleda V. R., Richard B. Chase.Experience, Service Operations Strategy, and Services as Destinations: Foundations and

Exploratory Investigation[J]. Production and Operation Management Society, 2008, 3(17), 247-266.

[21] Claycomb, C., Cynthia, A. L.H., Lawrence, W. I. The Customer as a Productive Resource: a Pilot Study and Strategic Implications[J]. Journal of Business Strategies, 2001, 18(1): 47.

[22] Claycomb C, Lengnick-hall C A and Inks L W.The Customer as a Productive Resource: A Pilot Study and Strategic Implications [J]. Journal of Business Strategies, 2001, 18 (Spring): 47-69.

[23] Cronin J.R., Brady M. K., Tomas M. H. Assessing the Effects of Quality, Value, and Customer Satisfaction on Consumer Behavioral Intentions in Service Environments[J]. Journal of Retailing, 2000, 76(2): 193-218.

[24] Csikszentmihalyi, M. Lefevre, J. Optimal Experience in Work and Leisure.Journal of Personality and Social Psychology, 1989, 56(5), 815-822.

[25] Dabholkar P A and Bagozzi R P. An Attitudinal Model of Technology-Based Self-Service:Moderating Effects of Consumer Traits and Situational Factors[J]. Journal of the Academy of Marketing Science, 2002, 30(3):184-201.

[26] Dahringer, L.D.Frame, C.D., Yau. O. Consumer Involvement in Services: an International Evaluation[J].Journal of International Consumer Marketing, 1991, 3(2): 61-78.

[27] Deepak, S., Jagdip, S., Barry, S. Consumer Trust, Value and Loyalty in Relational Exchanges[J]. Journal of Marketing, 2002, 66(1): 15-37.

[28] Dellaert, B.G.C., Stefan Stremersch. Marketing Mass-Customized Products: Striking the Balance between Utility and Complexity[J]. Journal of Marketing Research, 2005, 42(5), 219-227.

[29] Deshpande, R., Farley, J.U. Organizational Culture, Market Orientation, Innovativeness, and Firm Performance: An International

Research Odyssey [J]. Journal of International Marketing, 2004, 21: 3-22.

[30] Doney, P. M., Cannon J. P. An Examination of the Nature of Trust in Buyer-Seller Relationships[J]. Journal of Marketing, 1997, 61(2): 35-51.

[31] Dhruv Grewal, Michael L., Kuman V., Customer Experience Management in Retailing: an Organizing Framework [J]. Journal of Retailing, 2009, 85: 1-14.

[32] Dowling G., Staelin R. A Model of Perceived Risk and Intended Risk Handling Activity[J]. Journal of Consumer Research, 1994, 21(3): 119-134.

[33] Donald R. Lehmann. More Dominant Logic of Marketing: Productivity and Growth[A]. Lusch R. F., Vargo S. L. The Service-Dominant Logic of Marketing: Dialog, Debate, and Directions[C]. New York: M. E. Sharp, 2006: 286-296.

[34] Dyer, J., Nobeoka, K.. Creating and Managing a High-Performance Knowledge-sharing Network: The Toyota Case[J]. Strategic Management Journal, 2000, 21: 345-367.

[35] Eggert A, Ulaga W. Customer Perceived Value: a Substitute Forsatisfaction in Business Markets[J]. Journal of Business Andindustrial Marketing, 2002, 17(2): 107-118.

[36] Ennew, C. T., Binks, M. R. Impact of Participative Service Relationships on Quality, Satisfaction and Retention: An Exploratory Study[J]. Journal of Business Research, 1999, 46(2): 121-132.

[37] Eric Fang. Customer Participation and the Trade-off between New Product Innovativeness and Speed to Market[J]. Journal of Marketing, 2008, 72(4): 90-104.

[38] Eric Fang, Robert W. Palmatier, Kenneth R. Evans. Influence of Customer Participation on Creating and Sharing of New Product Value[J]. Journal of the Acadic Marketing Science, 2008, 36: 322-336.

[39] File K.M., Juddy B.B., Prince R. A. Interactive Marketing: The

Influence of Participation on Positive Word-Of-Mouth and Referrals[J]. Journal of Servicesmarketing, 1992, 6(4): 5.

[40] Fisk R. P., Brown S W, and Bitner M. J. Tracking the Evolution of the Services Marketing Literature[J]. Jounal of Retailing, 1993, 69(1): 61-103.

[41] Fornell C., Larcker D. F. Evaluating Structural Equation Models With Unobservable Variales and Measurement Error[J]. Journal of Marketing Research, 1981, 18(1): 39-50.

[42] Franke, N., Piller, F. Key Research Issucs in User Interaction With Configuration Toolkits in a Mass Customization System[J]. International Journal of Technology Management, 2003, 26(5): 578-599.

[43] Franke, N., Shah, S. How Communities Support Innovative Activities: an Exploration of Assistance and Sharing Among End-Users[J]. Research Policy, 2003, 32: 157-178.

[44] Fukuyama, F. Social Capital, Civil Society, and Development[J]. Third World Quarterly, 2001, 22(1): 7-20.

[45] Giddens, A. The Constitution of Scociety: Outline of the Theory of Structuration[M]. Cambrideg: Polity Press, 1991, 1: 85-87.

[46] Grewal, D., Levy M., Kumar V. Customer Experience Management: An Organizing Framework [J]. Journal of Retailing, 2009, 85 (1), 1-14.

[47] Grewal. Rajdeep., Comer J. M, Mehta R. An Investigation Into the Antecedents of Organizational Participation in B2B Electronic Markets[J]. Journal of Marketing, 2001, 65(3): 17-33.

[48] Griffiths Janice S. Masked Brands and Consumers' Need for Uniqueness [C]. American Marketing Association Conference Proceedings, 1998, 19: 145-153.

[49] Hasting K W. Sales Force Motivation Using Travel Incentives: Some Empirical Evidence[J]. Journal of Personal Selling and Sales Management, 1988(8): 43-51.

[50] Hauser, J. R., Glen L. U., Value Priority Hypotheses for Consumer Budget Plans[J]. Journal of Consumer Research, 1986, 12(4): 446-462.

[51] Higgins-D. F. More than an "Industry": The Forgotten Power of Tourism as a Social Force[J]. Tourism Management, 2006, 27(6): 1192-1208.

[52] Hilton T, Hughes T. Co-Production and Self-Service: The Application of Service Dominant Logic[J]. Journal of Marketing Management, 2013, 29.

[53] Ho Yungching, Fang Huichen, Lin Jingfu. Value Co-Creation in Business Models: Evidence from Three Cases Analysis in Taiwan[J]. The Business Review, Cambridge, 2010, 15 (2): 171-177.

[54] Hosmer L. T. Trust: The Connecting Link between Organizational Theory and Philosophical Ethics[J]. The Academy of Management Review, 1995, 20(2), 379-403.

[55] Hubbert, A. R. Customer Co-creation of Service Outcomes: Effects of Locus of Causality Attributions[D]. Arizona State University, 1995.

[56] Huffman, C. and Kahn B. E. Variety for Sale: Mass Customization or Mass Confusion[J]. Journal of Retailing, 1998, 74(4): 491-514.

[57] Herstatt C., Hippel E. V. From Experience: Developing New Product Concepts via the Lead User Method: A Case Study in a Low Tech Field [J]. Journal of Product Innovation Management, 1992; 9: 213-221.

[58] Jennifer R., Beata K. T., Edward L. Customer Community and Co-creation: A Case Study[J]. Marketing Intelligence and Planning, 2007, 25(2): 136-146.

[59] Jacinta Moreira, Maria Jose. Cooperation between the Consumer and Firms as a Determinant of Marketing Innovation: Empirical Study of Portuguese Firms[J]. Contemporary Management Research, 2014, 10(3).

[60] Julian C. S., Geoffrey N. S., Lester W. J. The Role of Perceived Risk in the Quality-value Relationship: a Study in a Retail Environmet[J]. Journal of Retailing. 1999, 75(1): 77-105.

[61] Kellogg, D. L., Youngdahl, W. E., Bowen, D. E. On the Relationship between Customer Participation and Satisfaction: Two Frameworks[J]. International Journal of Service Industry Management, 1997, 8(3): 206.

[62] Kelogg, D. L. A. Customer Contact Measurement Model: an Extension [J]. International Journal of Service Industry Management, 2000, 11(1): 26-44.

[63] Kimberly J. S., Sheila J. B. Incentive Travel: an Attractive Option[J]. Tourism Management, 1995, 16, (4): 285-293.

[64] Kimmy W. C, Bennett Yim, Simon S. K. L. Is Customer Participation in Value Creation a Double-Edged Sword? Evidence from Professional Financial Services Across Cultures[J]. Journal of Marketing, 2010, 74(5): 48-64.

[65] Kodzi J. R. Mass Customization as a Frame Work for Manufacturing Transformations in the U. S. Furniture Industry[D]. Purdue University, 2006.

[66] Kong-FAH Cheng, Consumer Participation in Service Production: a Conceptual Model and Empirical Study [D]. University of Missouri-Columbia, 1995.

[67] Kotha S. Mass Customization: Implementing the Emerging Paradigm Forcompetitive Advantage[J]. Strategic Marketing Journal, 1995, 16(1): 21-42.

[68] Kotler, P. From Mass Marketing to Mass Customization[J]. Strategy & Leadership, 1989, 17(5): 10-13, 47.

[69] Krippendorf J. The Holiday Maker: Understanding the Impact of Leisure and Travel[M]. Trans. By Vera Andrassy. London: Heinemann. 1987.

[70] Lam S. Y, Venkatesh S, Erramilli M. K B. Customer Value, Satisfaction, Loyalty, and Switching Costs: an Illustration from a Business-to-business Service Context[J]. Journal of the Academy of Marketing Science, 2004, 32(3): 293-311.

[71] Laroche M, Bergeron J, Goutaland C. How Intangibility Affects Perceivcd Risk: The Moderating Role of Knowledge and Involvement[J]. Journal of Services Marketing, 2003, 17(2): 122-140.

[72] Laurent, G., Kapferer, J. Measuring Consumer Involvement Profiles [J]. Journal of Marketing Research, 1985, 22(1), 41-53.

[73] Lewis R C. The Incentive Travel Market: How to Reap Your Share[J]. Cornell Hotel and Resturant Adminission Quarterly, 1984, 24(1): 19-27.

[74] Lloyd, C., King, R. Consumer and Carer Participation in Mentalhealth Services[J]. Australasian Psychiatry, 2003, 11(2): 180-184.

[75] Lovelock, C. H. Classifying Services to Gain Strategic Marketing Insights [J]. Journal of Marting, 1983, 47(2): 9-20.

[76] Luisa Andreu, Isabel Sanchez, Cristina Mele. Value Co-creation Among Retailers and Consumers: New Insights Into the Furniture Market[J]. Journal of Retailing and Consumer Services, 2010, 17(4): 241-250.

[77] Luteberget, A. Customer Involvement in New Service Development: How Does Customer Involvement Enhance New Service Success [D]. Agder University, 2005.

[78] Luthje, Christian. Characteristics of Innovating Users in a Consumer Goods Field, an Empirical Study of Sport Related Product Consumers[D]. MIT Sloan School of Management, 2000.

[79] Lynn, M., Harris, J. The Desire for Uniqne Consumer Products: A New Individual Differences Scale[J]. Psychology and Marketing, 1997, 14: 601-616.

[80] Madeleine E. Pullman, Michael A. Gross. Welcome to Your

Experience: Where You Can Check Out Anytime You'd Like, But You Can Never Leave[J]. Journal of Business and Management, 2003, 39(9), 215-232.

[81] Mary Jo Bitner. Servicescapes: The Impact of Physical Surroundings on Customers and Employees[J]. Journal of Marketing, 1992(4): 57-71.

[82] Michael Kay. Making Mass Customerization Happen: Lessons for Implementation [J]. Planning Review. 1993, 21(4)14-18.

[83] Mills, P. K., Morris, J. H. Clients as "Partial" Employees of Service Organizations: Role Development in Client Participation [J]. The Academy of Management Review, 1986, 11(4): 726-735.

[84] Miwa Y. Merz, David Czerwinski, Michael A. Merz. Exploring the Antecedents for Value Cocreation During Healthcare Service Proveision[J]. Journal of Business and Behavioral Sciences, 2013, 25(2).

[85] Morrison, D. E., Firmstone, J. The Social Function of Trust and Implications for E-commerce[J]. International Journal of Advertising, 2000, 19(5): 599-623.

[86] Nahapiet J., Ghoshal S. Social Captial, Intellectual Capital, and Organizational Advantage[J]. Academy of Management Review, 1998, 23(2): 242-266.

[87] Nancy M. P., Ronald C. Goodstein Etal. Customer Experience Management in Retailing: Understanding the Buying Process[J]. Journal of Retailing, 2009, 85: 15-30.

[88] Natalia Kryvinska, Romana Olexova, Paul Dohmen. The S-D Logic Phenomenon Conceptualization and Systematization by Reviewing the Literature of a Decade (2004-2013) [J]. Journal of Service Science Research, 2013(5).

[89] Novak T. P., Hoffinan D. L., Measuring the Flow Construct in Online Environments: A Structural Modeling Approach[J]. Marketing Science, 2000, 19(1), 22-44.

[90] Nunnally J. C., Bernstin I. H. Psychometric Theory (3rd Edition) [M]. New York: Mcgrawhill, 1994: 10.

[91] Ordanini A., Pasini P. Service Co-production and Value Co-creation: The Case for a Service-oriented Architecture[J]. European Management Journal, 2008, 26(5): 289-297.

[92] Payne A. F., Storbacka K., Frow P. Managing the Co-creation of Value[J]. Journal of the Academy of Marketing Science, 2008, 36(1): 83-96.

[93] Peter R. R., Stephen M. Holland Incentive Travel: Recreation as a Motivational Medium [J]. Tourism Management, 1992(9): 288-296.

[94] Peter C. Verhoef, and Katherine N. Lemon Etal. Customer Experience Creation: Determinants, Dynamics and Management Strategies S. Journal of Retailing, 2009, 85: 31-41.

[95] Petrick J. F., Morais D. D., Norman W. An Examination of the Determinants of Entertainment Vacationers' Intentions to Revisit[J]. Journal of Travel Research, 2001, 40(8): 41-48.

[96] Peter Lugosi. Queer Consumption and Commercial Hospitality: Communitas, Myths and the Production of Liminoid Space [J]. International Journal of Sociology and Social Policy, 2007, 27: 163-174.

[97] Petter R. R., Holland, S. M. Incentive Travel Recreation as a Motivational Medium[J]. Tourism Management, 1992(9): 288-296.

[98] Pine, Gilmore J. H. Weleome to the Experience Economy[J]. Harvard Business Review, 1998, 76: 97-105.

[99] Pine, B. J. Mass Customization: The Grew Frontier Business Competition [M]. Boston: Harvard Business School Press, 1999.

[100] Prahalad C. K., Ramaswamy V. Cocreation Experiences: The Next Practice in Value Creation[J]. Journal of Interactive Marketing, 2004, 18(Summer): 5-14.

[101] Puccinelli N. M., Goodstein R. C. Customer Experience Management in Retailing: Understanding the Buying Process[J]. Journal

of Retailing, 2009, 85: 15-30.

[102] Rodie A. R., Kleine, S. S. Customer Participation in Services Production and Delivery [C]. Handbook of Services Marketing and Management, Sage Publications Thousand Oaks, CA, 2000: 111-125.

[103] Rubin, K. Flying High in Travel: A Complete Guide to Careers in the Travel Industry[M], New York: John Wiley & Sons, 1986: 288-296.

[104] Sanden, S. The Customer's Role in New Service Development[D]. Karlstad University, 2007.

[105] Sandra Vandrmerwe. How Increase Value to Customers Improves Business Results[J]. Sloan Management Review, 2000(Fall): 27-37.

[106] Seven M. B., Mari H. Values, Optimum Stimulation Levels and Brand Loyalty: New Scales in New Populations[D]. University of Michigan Busimess School, 1998.

[107] Severt D., Wang Y., Chen P., Et Al. Examining the Motivation, Perceived Performance, and Behavioral Intentions of Convention Attendees: Evidence from a Regional Conference[J]. Tourism Management, 2007, 28(2): 399-408.

[108] Sharma N., Patterson P. G. The Impact of Communication Effectiveness and Service Quarlity on Relationship Commitment in Consumer, Professional Services[J]. Journal of Service Marketing, 1999, 13(2): 151-170.

[109] Sheldon P. J. The Demand for Incentive Travel: An Empirical Study[J]. Journal of Travel Research, 1995, 33(4); 23-28.

[110] Shuai Q., Ning W. Towards a Structural Model of the Tourist Experience: an Illustration from Food Experiences in Tourism [J]. Tourism Management, 2004, 25: 297-305.

[111] Silpakit, P., Fisk, R. P. Participatizing the Service Encounter: A Theoretical Framework[R]. Services Marketing in a Changing Environment, American Marketingassociation, Chicago, IL, 1985:

117-121.

[112] Slater. Developing a Customer Value-Based Theory of the Firm[J]. Journal of the Academy of Marketing Science, 1997, 25(2): 162-167.

[113] Slaughter, J. E., Zickar, M. J., Highhouse, S., Mohr, D. C. Personality Trait Inferences About Organizations: Development of a Measure and Assessment of Construct Validity[J]. Journal of Applied Psychology, 2004, 89: 85-103.

[114] Smith J. B., Colgete M. Customer Value Creation: A Practical Framewok[J]. Journal of Marketing Theory and Practice, 2007, 15(1): 7-23.

[115] Stephen L. V., Paul P. M., Melissa A. A. On Value and Value Co-creation: A Service Systems and Service Logic Perspective[J]. European Management Journal, 2008, 26: 145-152.

[116] Stone R. N., Kjell G. Perceived Risk: Further Considerations for the Marketing Discipline[J]. European Journal of Marketing, 1993, 27(3): 39-50.

[117] Tepper K., Hoyle R. H. Latent Variable Models of Need for Uniqueness[J]. Multivariate Behavioral Research, 1996, 31 (4): 467-494.

[118] Tian K. T., William O. B., Gary L. Hunter. Consumers' Need for Uniqueness: Scale Development and Validation[J]. Journal of Consumer Research, 2001(28): 50-66.

[119] Tien, J. M., Berg. D. On Services Research and Education[J]. Journal of Systems Science and Systems Engineering, 2006, 15(3).

[120] Tim Ambler. The New Dominat Logic of Marketing: Views of the Elephant[A]. Lusch R. F., Vargo S. L., The Service-dominant Logic of Marketing: Dialog, Debate, and Directions[C]. New York: M. E. Sharp, 2006: 286-296.

[121] Troye, S. V., Supphellen M. Consumer Participation in Coproduction: "I Made It Myself" Effects on Consumers' Sensory

Perceptions and Evaluations of Outcome and Input Product[J]. Journal of Marketing, 2012, 76(2): 33-46.

[122] Ulaga, Wolfgang. Capturing Value Creation in Business Relationships: A Customer Perspective[J]. Industrial Marketing Management, 2003, 32(8): 677-693.

[123] Urban, G., Hippel V. E. Lead User Analyses for the Development of New Industrial Products[J]. Management Science, 1988, 34(5): 569-582.

[124] Vargo S. L., Lusch R. F. Evolving to a New Dominant Logic for Marketing[J]. Journal of Marketing, 2004, 68(1): 1-17.

[125] Weber. K., Ladkin. A. The Convention Industry in Australia and the United Kindom: Key Issues and Competitive Forces[J]. Journal of Travel Research, 2003, 42(2): 125-132.

[126] Wenmin Zhang, Zhenquan Sha, Juan Li, Xiaoyv, Wang. Customer Experience Management Models: Perspectives from Environment, Psychology and Strategy[C]. International Conference on Management and Service Science(MASS 2010), 2010, 8.

[127] William L. W., Elizabeth S. M. Examining Marketing Scholarship and the Service Dominant Logic[A]. Lusch R. F., Vargo S. L., The Service-Dominant Logic of Marketing: Dialog, Debate, and Directions[C]. New York: M. E. Sharp, 2006: 266-279.

[128] Wind, Y. J., Rangaswamy A. Customerization: The Next Revolution in Mass Customization[J]. Journal of Interactive Marketing, 2001, 15(1): 13-32.

[129] Woodruff R. B. Customer Value: The Next Source for Competitive Advantage [J]. Journal of the Academy of Marketing Science, 1997, 25(2): 139-153.

[130] Xiang Z., Formica S. Mapping Environmental Change in Tourism: A Study of the Incentive Travel Industry[J]. Tourism Management, 2007, 28(5): 1193-1202.

[131] Xiaohua L., Richard G. Antecedents to Customer Involvement in Product Development: Comparing US and Chinese Firms[J]. European Management Journal, 2004, 22, (2,): 244-255.

[132] Yang Zhilin, Fang Xiang. Online Service Quality Dimensions and Their Relationships With Satisfaction: A Content Analysis of Customer Reviews of Securities Brokerage Services[J]. Journal of Service Marketing, 2004, 15 (3): 302-326.

[133] Zeithaml, V. A. How Consumer Evaluation Processes Differ between Goods and Services[J]. Marketing of Services, American Marketing Association, Chicago, IL, 1981: 186-190.

[134] Zeithaml, Parasuraman, Berry. A Conceptual Model of Service Quality and Its Implications for Future Research [J]. Journal of Marketing, 1985, 49(4): 41-50.

[135] Zeithaml. Consumer Perceptions of Price, Quality, and Value: A Means-End Model and Synthesis of Evidence [J]. Journal of Marketing, 1988, 52(3), 2-22.

[136] Zhang Hongqi, Lu Ruoyu,. Empirical Research of the Relationship between Customer Participation, Customer Satisfaction and Service Innovation Performance in China[J]. African Journal of Business Management, 2012, 6(4): 1449.

[137] Zipkin P. The Limits of Mass Customization [J]. MIT Sloan Management Review, 2001, 42(3): 81-87.

[138] 邱泽奇. 艾尔·巴比社会研究方法[M]. 北京: 华夏出版社, 2005.

[139] 包国宪，王学军，柯卉. 服务科学：概念架构、研究范式与未来主题[J]. 科学学研究，2011，29（1）：18～24.

[140] 白长虹. 西方的顾客价值研究及其实践启示[J]. 南开管理评论，2001（2）：51～55.

[141] 班建武. 符号消费与青少年认同[M]. 北京：教育科学出版社，2010.

[142] Britton T.A., Lasalle D. 体验：从平凡到卓越的产品策略[M]. 王成，译. 北京：中信出版社，2004：101～104.

[143] 陈春花. 企业文化管理[M]. 华南理工大学出版社，2002（5）：144.

[144] 李随成. 供应商参与创新中信任关系影响因素分析[J]. 南开管理评论，2008：13～18.

[145] 陈荣秋. 生产方式变革与竞争要素变化的关系[J]. 中外管理导报，2002（6）：56～59.

[146] 陈荣秋. 顾客中心的管理[J]. 管理学报，2005（2）：133～139.

[147] 陈阳，施俊琦等. 消费者独特性需求量表的研究[J]. 心理科学，2005，28（6）：1449～1451.

[148] 迟景才. 改革开放20年旅游经济探索[M]. 广州：广东旅游出版社，1998：400.

[149] 曹忠鹏，赵晓煜，代祺. 顾客继续使用自助服务技术影响因素研究[J]. 南开管理评论，2010，13（3）：90～100.

[150] 戴斌. 旅游产业发展的国家战略与中国旅游学人的历史使命[J]. 旅游学刊，2010，25（2）：6～8.

[151] 董媛. 奖励旅游产品实施效应研究——以重庆奖励旅游市场为例[J]. 旅游学刊，2006，21（5）：33～36.

[152] 戴斌，杜江. 旅行社管理（第二版）[M]. 北京：高等教育出版社，2005：4～8.

[153] 范秀成，张彤宇. 价值共创对服务企业绩效的影响[J]. 当代财经，2004（8）：69～73.

[154] 高静，刘春济. 试论我国奖励旅游市场开发——从奖励旅游的内部特征出发[J]. 桂林旅游高等专科学校学报，2006（1）：68～71.

[155] 高颖. 深度访谈方法及其在社会学中的应用评述[J]. 社会学研究，2005（3）：35～40.

[156] 耿先锋. 价值共创测量维度、前因变量及其对顾客满意的影响机理研究[D]. 杭州：浙江大学，2008.

[157] 郭鲁芳，何玲. 旅游目的地发展奖励旅游探讨——以浙江淳安千岛湖为例[J]. 江苏商论，2007（1）：75～77.

[158] 韩小芸，冯欣. 旅行社顾客心理授权、价值共创及服务质量关系研究[J]. 旅游学刊，2012，27（4）：91～98.

[159] 黄筠珊. 价值共创新服务发展模式之建构[D]. 台北：世新大学，2008：20.

[160] 胡平. 会展旅游概论[M]. 上海：立信会计出版社，2003(8)：136～146.

[161] 胡旭初，孟丽君. 顾客价值理论研究概述[J]. 山西财经大学学报，2004，26（5）：109～113.

[162] 贾薇，张明立，李东. 价值共创的心理契约对顾客价值创造的影响[J]. 管理工程学报，2010，24.（4）：20～28.

[163] 孔庆华. 基于价值链的顾客关系管理研究[D]. 南京：南京理工大学，2007.

[164] 李耀，王新新. 价值的共同创造与单独创造及顾客主导逻辑下的价值创造研究评介[J]. 外国经济与管理，2011，33（9）：43～50.

[165] 李立，张仲啸. 论商务旅游市场的特点及营销策略[J]. 桂林旅游高等专科学校学报，2000，11（2）：62～65.

[166] 廖以臣，甘碧群. 体验消费的购买决策过程及其影响因素研究[M]. 武汉：武汉大学出版社，2010.

[167] 刘学，王兴猛，江岚等. 信任、关系、控制与研发联盟绩效——基于中国制药产业的研究[J]. 南开管理评论，2008，11（3）：44～50.

[168] 刘林青，雷昊，谭力文. 从商品主导逻辑到服务主导逻辑——以苹果公司为例[J]. 中国工业经济，2010（9）：57～66.

[169] 刘应杰. 实施旅游发展国家战略把旅游业发展成为我国综合性的大产业[N]. 中国旅游报，2009-12-14.

[170] 林语堂. 中国人[M]. 北京：学林出版社，2005.

[171] 刘少湃，蓝星. 奖励旅游生命周期模型的构建[J]. 商业研究，2007，367（11）：155～159.

[172] 罗霞，陈维政. 组织人格：概念、维度、意义[J]. 云南财经大学学报，2009，39（5）：121～127.

[173] 罗家德. 关系与圈子——中国人工作场域中的圈子现象[J]. 管理学报，2012，9（2）：165～178.

[174] 卢俊义. 供应商与顾客共同创造顾客价值的机理研究[D]. 南京：南京大学，2011.

[175] 厉新权，程小敏. 关于拓展我国商务旅游市场的思考[J]. 北京第二外国语学院学报，2004（3）：24～29.

[176] 廖以臣. 消费体验及其管理研究述评[J]. 经济管理 2005，374（14）：43～50.

[177] 雷赖特. 组织间营销[M]. 胡左浩，杨志林等，译. 北京：中国人民大学出版社，2006：3.

[178] 楼尊. 参与的乐趣——一个有中介的调节模型[J]. 管理科学，2010，23（2）：69～76.

[179] 马爱萍，张虹菲. 国内外商务旅游研究述评[J]. 北京第二外国语学院学报，2007（11）：25～30.

[180] 迈克尔，托马斯. 组织间营销管理：从战略视角观察工业组织间市场[M]. 朱凌，译. 北京：中国人民大学出版社，2006：10～12.

[181] 苗学玲，保继刚. "众乐乐"：旅游虚拟社区"结伴旅行"之质性研究[J]. 旅游学刊，2007，22（8）：48～54.

[182] 派恩二世，吉尔摩. 体验经济[M]. 夏业良，鲁炜，译. 北京：机械工业出版社，2008：4.

[183] 普拉哈拉德，拉马斯瓦米. 消费者王朝——与顾客共创价值[M]. 王永贵. 北京：机械工业出版社，2005：189～191.

[184] 彭艳君. 价值共创量表的构建和研究[J]. 北京工商大学学报（社会科学版），2008，23（5）：56～60.

[185] 彭艳君. 价值共创量表的构建和研究 [J]. 管理评论，2010，22（3）：78～85.

[186] 乔芳丽. 价值共创共同创造关系涉入程度的影响因素[J]. 经营与管理，2011（4）：26～28.

[187] 孙祥，张硕阳，陈毅文等. B2C 电子商务中消费者的风险来源及其影响[J]. 心理学报，2006，38（4）：60.

[188] 邵琪伟. 在 2011 全国旅游市场工作会议上的讲话. http://www.cnta.gov.cn/html/2011-8/2011-8-14-14-33-55263_1.html，2011，8

[189] 邵莉莉. 国内外奖励旅行研究综述[J]. 旅游学研究，2010（10）：49～52.

[190] 苏波."十二五"工业转型升级的形势与任务.http://www.cec.org.cn/zhuanti/2011nianjingjixingshiyudianlifazhanfenxiyucehui/2011-03-27/51417.html2011-03-27

[191] 孙喜林，荣晓华，范秋梅. 旅游心理学[M]. 北京：中国旅游出版社，2009.

[192] 宋子千，宋志伟. 关于旅行社面向商务旅游转型的思考[J]. 商业经济与管理，2008（5）：75～79.

[193] 汤俊."后危机时代"的营销主张：服务主导逻辑的视角[J]. 武汉商业服务学院学报，2011，25（3）：20～23.

[194] 特伦斯·迪尔和艾伦·肯尼迪. 企业文化：企业生活中的礼仪与仪式[M]. 北京：中国人民大学出版社，2008.

[195] 涂永式，任重. 消费者创新：营销理论的新发展[J]. 市场营销导刊，2008（1）：20～24.

[196] 吴明隆. 问卷统计分析实务——SPSS 操作与应用[M]. 重庆：重庆大学出版社，2010：244.

[197] 吴必虎. 旅游研究与旅游发展[M]. 天津：南开大学出版社，2009：1～2.

[198] 魏薇，王金叶. 青岛市奖励旅游发展现状调查与对策探讨[J]. 现代商贸工业，2008（9）：104～105.

[199] 王国钦，郭英之，闵辰华等. 公司团体套装旅游的影响因素研究——以中国台湾为例[J]. 旅游学刊，2007（1）：35～41.

[200] 王宁，刘丹萍，马凌[M]. 旅游社会学，天津：南开大学出版社，2008.

[201] 王宁. 旅游、现代性与"好恶交织"——旅游社会学的理论

探索[J]. 社会学研究，1999，6：93～102.

[202] 王小鲁. 搞清收入分配现状是统计机关和学者的共同责任[N]. 第一财经日报，2010-9-6.

[203] 王曙光. 人际信任、关系质量与供应商参与 NPD 绩效的相关研究[J]. 西安工业大学学报，2009，29（5）：505～510.

[204] 王永贵，姚山季，司方来. 组织顾客创新、供应商反应性与项目绩效的关系研究：基于组织服务市场的实证分析[J]. 南开管理评论，2011，2（14）：4～13.

[205] 温韬. 顾客体验对服务品牌权益的影响机理——基于百货商场的实证研究[J]. 管理评论，2007，19（11）：24～29.

[206] 汪涛，望海军. 价值共创一定会导致顾客满意吗——顾客自律倾向及参与方式的一致性对满意度的影响[J]. 南开管理评论，2008，11（3）：4～11.

[207] 吴家曦，李华燊. 浙江省中小企业转型升级调查报告[J]. 管理世界，2009（8）：1～9.

[208] 王胜利，方旭东. 迪尔凯姆“集体意识”的现代性与和谐社会[J]. 甘肃理论学刊；2009（1）：23～27.

[209] 徐岚. 顾客为什么参与创造？消费者参与创造的动机研究[J]. 心理学报 2007，39（2）：343～354.

[210] 许峰. 会展旅游的概念内涵与市场开发[J]. 旅游学刊，2002（4）：56～59.

[211] 应乐华. 欧洲奖励出国旅游的趋向及我国的对策思考[J]. 旅游学刊，1991，6（3）：58～59.

[212] 尤丹蓉，陈毅文，王二平. 消费者认知风险概念模型的研究综述[J]. 人类工效学，2004，10（2）：44～46.

[213] 叶志桂. 西方顾客价值研究理论综述[J]. 北京工商大学学报（社会科学版），2004，19（4）：11～15.

[214] 朱知. 企业组织传播中的仪式研究——以玫琳凯的企业仪式为例[D]. 武汉：华中师范大学，2010：25～30.

[215] 赵文红，邵建春，尉俊东. 参与度、信任与合作效果的关

系——基于中国非营利组织与企业合作的实证分析[J]. 南开管理评论，2008，11（3）：51～57.

[216] 赵学礼. 企业间合作机理与信任关系构建研究[D]. 上海：复旦大学，2008.

[217] 周冬梅，鲁若愚. 服务创新中价值共创的研究探讨：基本问题、研究内容、研究整合[J]. 电子科技大学学报（社科版），2009，11（3）：26～46.

[218] 周建设. 顾客体验对品牌关系的影响研究[M]. 北京：经济管理出版社，2010（1）：4～6.

[219] 詹姆斯·C. 安德森，詹姆斯·A. 纳罗斯. 组织市场管理：理解、创造和传递价值[M]. 北京：北京大学出版社，2007：25.

[220] 张广瑞. 中国的奖励旅游：从概念到实质[J]. 旅游时代，2007（4）：29～31.

[221] 张凤超，尤树洋. 顾客体验价值结构维度：DIY 业态视角[J]. 华南师范大学学报（社会科学版），2009（4）：108～113.

[222] 张文建. 试论奖励旅游与生产者服务[J]. 旅游科学，2005，19（1）58～62.

[223] 张文敏. 旅行社奖励旅游产品的开发与促销策略探讨[J]. 华南理工大学学报（社会科学版），2005，7（4）：41～43.

[224] 张文敏. 价值共创与顾客体验[J]. 销售与市场（管理版），2011（5）：92～93.

[225] 张文敏，王晓玉. 购物体验休闲娱乐化研究述评及营销启示[J]. 消费经济，2010（3）：28～31.

[226] 张文敏. 制造商的商品体验化战略[J]. 销售与市场（管理版），2010（8）：94～96.

[227] 张文敏，沙振权. 基于共同创造的旅行社转型研究——以奖励旅游为例[J]. 旅游学刊，2011，23（11）：52～57.

[228] 张明立，贾薇，王宝. 基于独特性需求调节作用的价值共创研究[J]. 管理工程学报，2011，25（2）：53～61.

[229] 张若勇，刘新梅，张永胜. 价值共创和服务创新关系研究：

基于服务过程中知识转移的视角[J]. 科学学与科学技术管理，2007（10）：92～97.

[230] 张玉利，田新. 创业者风险承担行为透析——基于多案例深度访谈的探索性研究[J]. 管理学报，2010，7（1）：82～90.

[231] 郑锐洪. 西方营销百年理论发展重心的转移及启示[J]. 当代经济与管理，2012，34（1）：7～14.

附 录

附录1 调查问卷

企业组织员工旅游中与旅行社合作情况的调查问卷

尊敬的女士/先生：

您好！我们非常希望了解贵公司组织员工旅游时与旅行社合作的相关情况，以便旅行社更好地为您服务。请贵单位组织员工旅游时与旅行社进行联络的人填写，以下题项请针对贵单位最近一次包团旅游选择。所填信息仅供学术研究之用，采用匿名方式且严格保密，请您安心填写。对您的支持与合作，我们表示衷心的感谢！

——华南理工大学中国市场营销管理研究中心

一、此部分是想了解贵单位对员工旅游及组织过程中与旅行社合作情况的基本看法。

	非常不重要	不太重要	说不清	较重要	非常重要
1. 组织员工旅游对于传达本单位的企业文化	1	2	3	4	5
2. 组织员工旅游对于塑造本单位的企业文化	1	2	3	4	5

	完全不同意	不太同意	说不清	较同意	完全同意
3. 本单位了解旅行社的运作	1	2	3	4	5
4. 本单位有丰富的与旅行社合作的经验	1	2	3	4	5

二、此部分是想了解贵单位对组织员工旅游时企业为什么参与旅游产品开发与实施的看法。

	完全不同意	不太同意	说不清	较同意	完全同意
1. 出发前会担心本单位员工参加完旅游后达不到预期的目的	1	2	3	4	5
2. 出发前会担心旅行社提供的产品不能满足本单位的需求	1	2	3	4	5
3. 出发前会担心旅游质量不如预期的好	1	2	3	4	5
4. 本单位信任这家旅行社	1	2	3	4	5
5. 本单位相信这家旅行社能够设身处地地为顾客的利益着想	1	2	3	4	5
6. 这家旅行社的销售人员专业，本单位对他们的建议感到信任	1	2	3	4	5

三、此部分是想了解贵单位参与旅游产品开发与实施的情况。

	完全不同意	不太同意	说不清	较同意	完全同意
1. 本单位向该旅行社提供了大量本单位的要求	1	2	3	4	5
2. 本单位与旅行社销售人员沟通频繁	1	2	3	4	5
3. 本单位向旅行社提供了大量的建议以提高服务质量	1	2	3	4	5
4. 为了让旅行社提供的产品符合本企业的要求，本单位花了大量时间和精力参与产品的开发	1	2	3	4	5
5. 本单位参与了大量团队活动等本企业个性化项目的开发	1	2	3	4	5
6. 本单位参与了大量本企业个性化项目的实施过程	1	2	3	4	5

四、此部分是想了解最近一次包团旅游中贵单位参与旅游产品开发与实施后的效果。

	完全不同意	不太同意	说不清	较同意	完全同意
1. 对于花费的时间，本单位认为合理	1	2	3	4	5
2. 对于付出的精力，本单位认为值得	1	2	3	4	5
3. 对于此次旅游支付的价格，本单位认为合算	1	2	3	4	5
4. 本次旅游产品质量高	1	2	3	4	5
5. 本次旅游的产品能满足本单位的需求	1	2	3	4	5
6. 本次旅游很好地传达了本单位的企业文化	1	2	3	4	5
7. 通过本次旅游，本单位的企业文化得到了提升	1	2	3	4	5

五、此部分是想了解贵单位的一些相关的基本情况：

1. 贵单位与该旅行社的合作：

A. 首次合作　　B. 第2次　　C. 第3次　　D. 4次及以上

2. 贵单位所属行业：

A. 农林牧渔业

B. 工业（包括制造业，电力、采掘业等）和建筑业

C. 流通业，包括酒店餐饮业、批发和零售贸易、交通运输、仓储及邮电通信业

D. 金融、保险、咨询等各类技术服务业

E. 文教、科研和卫体业

F. 党政机关

G. 其他

3. 贵单位去年组织员工旅游的次数：

A. 1次　　B. 2次　　C. 3次　　D. 4次及以上

4. 贵单位去年用于包团旅游的人均花费：

A. 1000元以内　　B. 1001～3000元

C. 3001～5000 元　　D. 5001 元以上

5. 贵单位最近一次用于包团旅游的人均花费：

A. 1000 元以内　　B. 1001～3000 元

C. 3001～5000 元　　D. 5001 元以上

6. 贵单位所在城市：

问卷到此结束，再次谢谢您的热情参与！

附录 2　独特性需求内容分析样本的网络地址

http://www.skpet.cn/news3.asp

http://www.ji-pai.com/news_detail/newsId=f83e7627-7ba8-40b2-a337-1bd83a2c2023&comp_stats=comp-FrontNews_list01-001.html

http://www.sanwei.cn/news_more/newsId=05a1d639-ea5b-4089-9521-8c30ffc99ef7.html

http://www.shbetterway.com/default.aspx?xmls=Company1.html&id=110

http://juxingzj.com/2n.asp?id=196

http://www.chinarobust.com/newsdetail.aspx?nid=21

http://www.sxglt.cn/News_View.asp?NewsID=891

http://www.chinaahxs.com/DocHtml/1/2011/4/13/7699567433.html

http://www.whwtcm.com/news/news_detail.jsp?myid=18159

http://www.siphra.cn/xw19.html

http://www.bps-group.net/gb/news/n_1007060511.html

http://www.chinaway89.com/News/Detail.asp?109.html

http://www.ecschina.com/yuekan-48/page29aa.html

http://www.xtalite.com/info/news/113.html

http://www.jrhjd.com/NewsShow.asp?id=556&BigClass=%C6%F3%D2%B5%D0%C2%CE%C5

http://www.vfg.hk/article.php?lang=gb2312&action=view&article_id=1659

http://www.jiaxinwy.com/2011/0802/112.html

http://www.pwt.com.cn/newEbiz1/EbizPortalFG/portal/html/InfoContent.html?InfoPublish_InfoID=c373e92803b1fe318ffa3bbcfc9c2e6a

http://www.chinarobust.com/

http://www.bjytsh.com/news_nr.asp?id=1149

http://www.chomptech.com/news_show.asp?newsid=55

http://www.celbattery.com/cn/NewsDetail.asp?id=37

http://www.tongsheng88.com/news_detail/newsId=f0b7aa56-b827-4a0e-8b1e-3230f6f9d6e8&comp_stats=comp-FrontNews_list01-001.html

http://www.hzsun.com/cn/news/1/173.html

http://www.chc-china.cn/NewsDetail.aspx?Id=229&FileName=qydt&Language=1

http://www.tjnature.com/ShowNews.aspx?NewsID=141

http://www.3dbio-chem.com/news_show.asp?class_id=1&id=75&title=2011%D4%B1%B9%A4%C2%C3%D3%CE%CD%D8%D5%B9%BB%EE%B6%AF%B1%A8%B5%C0

http://www.ava.net.cn/show/detail/news.asp?newsID=59

http://www.hdlchina.com.cn/news.asp?newsid=225

http://www.run-xin.com/cn/zhtml_557.htm

http://www.xzyh.net/NewsView.Asp?ID=28

http://www.ksjd.com/onews.asp?id=1489

http://www.ynjkqjtjt.com/Dispaly_News.asp?N_FileID=2011530145316

http://www.kxele.com/newsdetail.asp?id=160

http://www.sagf.cn/DocHtml/1/2011/12/7/640784991297.html

http://www.zenixauto.com/news/54.html

http://www.hytl.com.cn/xwzx/qyxw/20100701/18.html

http://www.szhfc.com.cn/Articleshow.asp?id=609

http://www.cnep.com.cn/shownews_tow.asp?lid=418

http://www.namkwong.com.mo/enews/subsidiaries/2011/726.html

http://www.chinareports.org.cn/hlj/Article/lanmu17/201107/250668.html2http://www.cddymatic.com/index.php?module=news&act=ReadNews&ClassID=1&id=73&lang=zh

http://www.maoshuagun.com/shownews.asp?id=196

http://www.salpower.com/news_content-72032.html

http://www.ruyudeshui.com/news_Detail.asp?id=113

http://www.gzycc.cn/news.aspx?classid=219&id=421

http://www.youbang118.com/News_show.asp?id=226

http://www.hdlt.com.cn/news/ShowInfo.aspx?ID=119

http://www.jcvideo.com.cn/show.asp?id=287

http://www.jiangsudf.com/news_detail/newsId=b266b603-22c9-41ce-a3cf-08ddc1e19651.html

http://www.swtdc.com/sw/pages/html/n_2011741117581820.shtml

http://www.llthsy.cn/qywh/ShowArticle.asp?ArticleID=145

http://www.yzjsgroup.com/View.aspx?id=150

http://www.nmluxing.com/news/show.asp?ArticleID=341

http://www.fmsy.net/news_detail/newsId=60b25559-f29d-491c-a42b-06a4e755bed8&comp_stats=comp-FrontNews_list01-1306221745379.html

http://dqh.crec4.com/culture/whhd/?2011-8-18-612.html

http://www.gkmc.cn/about/particular.asp?ID=200

http://skamony.com/news/html/?452.html

http://dealer.auto.henan.sina.com.cn/auto/4s/article_info.php?dist_id=107&article_id=2395

http://yataiduhui.com/syfc_view.asp?id=187

http://www.honz.com.cn/news/bulletin.aspx?MenuId=020102&Id=591

http://www.jrqh.com.cn/news/newsinfo.aspx?id=4839677

http://www.yeshi.com.cn/new/gsxw_detail.asp?News_ID=1015&news_type_name=%BC%AF%CD%C5%B6%AF%CC%AC

http://www.warom.com/cn/news/detail.asp?ID=3467

http://www.xminnov.com/show_news.aspx?IntroId=65

http://www.xybj.cn/news/12_484.html

http://www.jnws.gov.cn/zsjg/ShowArticle.asp?ArticleID=32389

http://www.hnsdch.com/News-18.aspx

http://www.huilingdz.com/shownews.asp?id=137

http://www.avon.com.cn/PRSuite/your_dream_opportunity03.page

http://www.tianshannet.com.cn/finance/content/2011-12/23/content_6448336.htm

http://www.nyjzxx.cn/wwwroot/n.asp?pm=653

http://www.jinshan-cn.com/html/77/1/1469/1.htm

http://cise.nbu.edu.cn/news/news2/201109/1825.html

http://www.rgboai.com/news/file_detail/2011-4-19/20114191652153193.htm

http://www.bjcancer.org/_Union/View.aspx?id=1323

http://www.tjhxyy.cn/news_detail/newsId=821f3465-9bc1-425e-ad76-6fef4ff16b63.html

http://www.shyzyy.net/news/ShowArticle.asp?ArticleID=467

http://www.sxnu-geo.com/news/zonghe/2010/00353764.html

http://www.jingmaoshixun.com/newsdetail.asp?newsid=543

http://www.dfwlu.cn/Article/TypeArticle.asp?ModeID=1&ID=1142

http://fdgh.fzu.edu.cn/ReadNews.asp?NewsID=3261

http://xww.bucea.edu.cn/xxyw/1502.htm

http://web.mmc.edu.cn/jidian/news/article.php/1125

http://wdgh.wzu.edu.cn/ShowNews.aspx?ID=732

http://www1.gzhtcm.edu.cn/bumen/xxjsxy/xydt/html/xydt295.htm

http://news.wsxy.net/news1110.htm

http://cs.hytc.edu.cn/ViewInfo.asp?id=93

http://www.lnde.org/index.html

http://opt.zju.edu.cn/redir.php?catalog_id=26820&object_id=70137

http://gc.zjfc.edu.cn/news.asp?id=1747

http://yyjjgl.ahtcm.edu.cn/DocHtml/138/2011/5/24/6244565620644.h

tml

http://www.ztgy.cn/news_show.asp?id=237

http://www.jyyy.com.cn/news/html/xwdt/2010/719/825727167.htm

http://www.zdxy.cn/news/25/201111183342.htm

http://www.cupl.edu.cn/html/news/col259/2011-09/06/20110906110519107481463_1.html

http://pub.cnsba.com/index/showNotice.asp?id=8751

http://www.ce.zjut.edu.cn/news.asp?ArticleID=1526

http://music.njnu.edu.cn/show.asp?id=488

http://www.hzjnxy.com/news/news092011/04/1048412106.html

http://www.infinitus.com.cn

http://www.sanyaweb.cn/sanyabbs/tiezi.asp?/4963.html

http://www.025xl.com/Article/zyxl/zcdt/201104/16075.html

http://bbs.hrsalon.org/forum.php?mod=viewthread&tid=44148

后 记

这本书是在我博士论文基础上进行提炼、修改和完善而成的。一直盼着早点划上这个句号，而当这一刻真正到来的时候，却发现与其说这是一个结束，还不如说是一个新的开始。

本书以价值共创切入奖励旅游的研究，选题时以为走在了营销的前沿，到完成时才发现最终的落脚其实就是营销学最原始的问题：顾客需求与顾客价值。给学生讲授市场营销学的第一堂课时，就会讲菲利普·科特勒先生关于营销的五个核心概念，其中两个就是顾客需求与顾客价值，顾客需求的满足状况决定顾客价值。顾客需求由谁来满足呢？以前讲是企业了解顾客需求然后满足它，而在当前价值创造模式由企业中心模式向顾客与企业价值共创模式转变后，顾客自已参与到价值创造也就是需求满足的过程中。因此，在顾客需求与顾客价值之间，本研究引进了价值共创这一变量。那么在这种开放的背景下，顾客需求究竟有哪些，尤其是与价值共创相联系的顾客需求到底有哪些呢？本研究对组织顾客的独特性需求进行了论证，还有许多对当前热议的价值共创模式产生影响的需求尚待研究。因此，我说此书的完成只是个开始。

感谢我的导师沙振权教授，引领我深入营销的领域。在博士论文从选题到完成的过程中，沙老师以他渊博的学识和对营销实践的敏感，给予了我简明而切中要害的指导，虽然由于我的功力有限，真正理解颇费心力，但其中读懂的那一部分已让我受益匪浅，使我有柳暗花明之感。感谢在博士论文写作与答辩时提出中肯意见和建议的朱桂龙教授、宋光辉教授、李志宏教授、董小麟教授、刘志超教授、雷鸣教授和周永务教授。

感谢我的朋友陈菲、蔡亮、冯娴慧、何美贤、侯利、刘丹萍、李晓莉、曲波、邬琛、于德珍、曾海生、周莉和周飞在数据收集、书稿撰写与出版过程中给予的无私帮助和启迪。感谢南开大学出版社的王冰老师、张维夏编辑的辛勤劳动，使得本书能够高质量、高效率地出版。还有许许多多给予我无私帮助的人在此都一并谢过，这其中包括惠赠我博士论文的同事和同学。还有些同事，虽无特别交情，但在短暂的碰面中无意中听说我正艰难地完成博士论文，也给予了我及时的指点和建议，学术支持之外，那份温暖更是鼓舞我前进的动力。

最后，要感谢最疼爱我的家人。几年中父母和公婆一直无私奉献，帮我照料家庭。感谢爱人赵凯一直的鼓励、肯定和支持。感谢我的女儿葡萄，尽管她没有支持过我的写作，还常常与书稿一起争夺我的时间，但每天她蹦蹦跳跳地冲回家，脆生生地喊：“妈妈，我回来了，给你带了礼物哟！”这让我快乐无比，充满力量。